Manfred Backhausen

Baha´i – Religion und Grundgesetz

Manfred Backhausen

Baha´i – Religion und Grundgesetz

Überlegungen über eine Religionsgemeinschaft mit politischem Anspruch

Fromm Verlag

Impressum / Imprint
Bibliografische Information der Deutschen Nationalbibliothek: Die Deutsche Nationalbibliothek verzeichnet diese Publikation in der Deutschen Nationalbibliografie; detaillierte bibliografische Daten sind im Internet über http://dnb.d-nb.de abrufbar.

Bibliographic information published by the Deutsche Nationalbibliothek: The Deutsche Nationalbibliothek lists this publication in the Deutsche Nationalbibliografie; detailed bibliographic data are available in the Internet at http://dnb.d-nb.de.

Verlag / Publisher:
Fromm Verlag
ist ein Imprint der / is a trademark of
OmniScriptum GmbH & Co. KG
Heinrich-Böcking-Str. 6-8, 66121 Saarbrücken, Deutschland / Germany
Email: info@frommverlag.de

Herstellung: siehe letzte Seite /
Printed at: see last page
ISBN: 978-3-8416-0430-9

Inhalt:

Vorbemerkung

Nachdem der Verfasser sich in der Vergangenheit fast ausschließlich mit der spirituellen Seite der Baha'i-Religion befaßt hatte[1], wurde durch die Kontroverse um das Buch eines Schweizer Autoren[2] und die Publikation eines Werkes von führenden Vertretern der Baha'i-Religion in Deutschland[3] sein Augenmerk mehr auf die praktische Seite dieser auch in Deutschland vertretenen Religion gerichtet.

Bereits in früheren Untersuchungen über den Islam hatte er die Frage gestellt, ob die entsprechenden Ansichten des sunnitischen und schiitischen Islam im Einklang mit der deutschen Verfassung[4] stehen[5]. Später wurde diese Untersuchung auch auf den alevitischen Islam ausgedehnt[6]. Dabei wurde auch der Frage nachgegangen ob ausgewiesene Vertreter der islamischen Schariat in der Bundesrepublik Deutschland die Voraussetzungen für eine Tätigkeit im öffentlichen Dienst erfüllen können[7]. Eine solche Untersuchung soll nun auch für die Baha'i-Religion erfolgen. Dabei steht die Bundesrepublik Deutschland stellvertretend für andere Staaten mit gleichem oder ähnlichem Verfassungssystem.

Warum befassen sich immer wieder Autoren mit der Baha'i-Religion als ganzem oder mit verschiedenen Aspekten dieser relativ neuen Religion? Zumindest in Europa und in den USA kann es nicht an der Anzahl ihrer Mitglieder liegen, diese ist bisher eher unbedeutend[8]. Es liegt vielmehr an dem universalen und totalen Anspruch[9] den die Baha'i erheben und mit dem sie versuchen die von ihnen so verstandenen Offenbarungen auch ganz praktisch umzusetzen.

Die Baha'i-Religion, die jüngste der Offenbarungsreligionen, stellt gerade in dieser Frage etwas Einzigartiges dar. Das Judentum, das Christentum und auch der Islam vertreten zu Fragen einer gesellschaftlichen und staatlichen Ordnung keine eindeutigen Auffassungen. Selbst der Islam, der keine Trennung zwischen Religion und Gesellschaft zuläßt, bietet kein in sich abgeschlossenes Bild einer künftigen verfassungsmäßigen Ordnung. Vielmehr werden von diesen drei Hauptreligionen in verschiedenen Bereichen Mindeststandards gesetzt, über deren Umsetzung man sich auch innerhalb der jeweiligen Religion kaum einig ist.

Anders dagegen die auch in Deutschland vertreten Baha'i-Religion. Sie bietet ein komplexes und in sich geschlossenes Konzept für eine künftige staatliche und gesellschaftliche Ordnung auf Erden an. Oder um es mit den eigenen Worten der Baha'i zu sagen: „Bis zur Gegenwart hat in der Tat kein Gründer einer geoffenbarten Religion ausdrücklich die Prinzipien dargelegt, die den Verwaltungsmechanismus des Glaubens, den er begründete, leiten soll“[10]. Innerhalb der eigenen Gemeinschaft wird dieses Konzept bereits umgesetzt und soll später weltweit Geltung erhalten. Somit ist zu untersuchen, ob dieses Konzept im Einklang steht mit der verfassungsmäßigen Ordnung in Deutschland. In einem weiteren Schritt soll als Beispiel die Auffassung der Baha´i zum Strafrecht untersucht werden. Letztlich soll kurz überprüft werden, ob ein Angehöriger der Baha´i-Religion in Deutschland aus verfassungs- und beamtenrechtlicher Sicht Beamter werden kann

Die Baha'i – Religion[11]

Der Bahá'ismus ist eine in der Mitte des 19. Jh. entstandene Offenbarungsreligion mit heute weltweiter Verbreitung. Seine Wurzeln hat er im schiitischen Islam Persiens, oder genauer: im Bábismus, einer chiliastischen Bewegung, welche die Erfüllung der schiitischen Heilserwartung als unmittelbar bevorstehend ankündigte. Nach der Zerschlagung des Bábismus nahm der aus ihm hervorgegangene Bahá'ismus die bábistische Verheißung für sich in Anspruch und besteht seither als eigenständige Religionsgemeinschaft. Von der Religionswissenschaft anfänglich als "islamische Sekte" eingestuft, wird das Bahá'ítum inzwischen als die jüngste unter den Weltreligionen beschrieben und phänomenologisch den großen Bekenntnissen Judentum, Christentum, Islam, Hinduismus und Buddhismus zugeordnet.

Der Bab

Die Entstehung des Bábismus reicht ins Jahr 1844, als der noch junge Kaufmann Sayyid 'Alí Muhammad (1819-1850) aus dem südpersischen Shíráz mit dem Anspruch hervortrat, das "Tor" (báb) zu dem von den Schiiten sehnlichst erwarteten Imam Mahdí zu sein. Dieser wurde als Wiederkunft des seit dem Jahre 873 in die Verborgenheit entrückten zwölften Imam gesehen, der bei seinem Wiederkommen den Islam erneuern und diesem zum weltweiten Durchbruch verhelfen soll.

Von seinen Anhängern als Erscheinung des Imam Mahdí anerkannt, konnte 'Alí Muhammad, nunmehr Hazrat-i Báb (»Seine Heiligkeit der Báb«) genannt, in nur kurzer Zeit eine enthusiastische Anhängerschaft für sich gewinnen. Die Botschaft des jungen Propheten fand begeisterten Zulauf, stieß aber auch auf heftigen Widerstand der schiitischen Orthodoxe und der Staatsgewalt. Dies führte 1848 zum offenen Bruch mit dem Islam. Kurz zuvor begann Hazrat-i Báb mit der Niederschrift eines eigenen Heiligen Buches, Bayán ("Erklärung") genannt, das er dem Qur'án, der heiligen Schrift des Islam, entgegensetzte. Darin forderte er auch die Errichtung eines theokratischen Gottesstaates, den Báb's Anhänger in kriegerischen

Erhebungen sogleich zu verwirklichen versuchten. Diese Aktionen wurden vom persischen Staat niedergeschlagen. Der Báb wurde 1850 hingerichtet.

Bahá'ulláh

Nach der weitgehenden Zerschlagung der Gemeinschaft wurde diese durch interne Machtkämpfe um die Gründernachfolge zunächst weiter geschwächt. Nach jahrelangen internen Auseinandersetzungen unterlag der ursprünglich von dem Báb mit der Leitung der Gemeinde betraute erst 19-jährige Mírzá Yahyá Subh-i Azal (geb. 1830) seinem um 13 Jahre älteren Halbbruder Mírzá Husain 'Alí (geb. 1817). Dieser trat 1867 mit dem Anspruch hervor, Träger einer neuen Gottesoffenbarung zu sein. Er nannte sich fortan , »Herrlichkeit Gottes«, und sah sich als Vollender der Lehren Mose, Christi und Muhammads, als neuen Offenbarer und Propheten oder, wie die Bahá'í sagen, als »Manifestation Gottes« (mazhar'ulláh). Gleichzeitig sah er sich auch als Vollender von Báb's Verkündigung, die mit seiner eigenen Offenbarwerdung ihre Erfüllung erfahren habe. Damit ging der Bábismus überwiegend in der neuen Religion des Bahá'ulláh auf, dessen Anhänger sich fortan Bahá'í nannten.

Die Subh-i Azal treu gebliebene bábistische Orthodoxie nannte sich nun Azalíya. Sie verlor zunehmend an Bedeutung und besteht heute nicht mehr. Subh-i Azal verstarb 1912 in Famagusta auf Zypern.

Bahá'ulláh verbrachte die ganze Zeit seines Wirkens im Exil; zuerst in Bagdád, dann in Istanbul, Edirne und zuletzt in 'Akká, im heutigen Israel. Dort verstarb er 1892.

Abdul Bahá

Nach seinem Tode kam es zu Nachfolgestreitigkeiten unter seinen Söhnen, die Abdul Bahá, der »Diener der Herrlichkeit« (1844-1921), für sich entscheiden konnte. Unter seiner Leitung fand der Bahá'ismus Einzug auch in die westliche Welt, wobei er auch mehrere ausgedehnte Reisen nach Europa und Nordamerika unternahm. Nach seinem Tode wurde ein Testament aufgefunden, nachdem das Amt eines „Hüter der Sache Gottes (valí-i amr'ulláh)" einzurichten sei.

Von 1921-1957 amtierte daher Shoghi Effendi (1897-1957) als Oberhaupt über die schnell anwachsende Gemeinschaft. Er leitete den organisatorischen Aufbau der Gemeinschaft ein und schuf eine straffe Organisationsstruktur, u.a. durch die Ernennung eines besonderen Gremiums der „Hände der Sache Gottes".

Da er keine Nachfolgeregelung getroffen hatte, kam es zwischen 1957 und 1963 zu einer Interimsführung durch die „Hände der Sache Gottes".

Seit 1963 liegt die Leitung beim „Universalen Haus der Gerechtigkeit" (Bait al-'adl-i a'zam), einem neunköpfigen Gremium mit Sitz in Haifa/Israel.

Der Bahá'ismus ist keine Sekte des Islam, sondern aus diesem hervorgegangen wie das Christentum aus dem Judentum. Zwar hat er mit dem Islam viele Gemeinsamkeiten, doch verwirft er die Ausschließlichkeit des Qur'án und damit das unumstößliche Dogma der Endgültigkeit der islamischen Botschaft. Die Bahá'í verfügen über eine Fülle eigener "Offenbarungen" (wahy) und ein eigenes religiöses Gesetzbuch, das Kitáb-i-Aqdas. Mit dem Islam teilt das Bahá'ítum vor allem den Glauben an die absolute Einheit Gottes (tauhíd).

Das Kitáb-i-Aqdas ist die wichtigste Glaubensquelle dieser neuen Religion. Es ersetzt die Hebräische Bibel, das Neue Testament, den Qur'án, aber auch den Bayán des Báb.

Shogi Effendi

Die Bahá'í propagieren ihren Glauben als für die heutige Menschheit allein zeitgemäß und auch allein wahr. Die Mission hat sich lange auf die Gewinnung des Westens festgelegt, heute konzentriert man sich mehr auf die Länder der Dritten Welt.

Die gegenwärtige Verbreitung (Schätzung 2002) wird auf etwa 4 bis 6 Millionen Anhänger geschätzt, wovon auf Indien etwa 2 Millionen entfallen. Den zweiten Rang in der Verbreitung nimmt Schwarzafrika ein (ca 1.8 Millionen); es folgen Lateinamerika (0,7 Millionen) und weitere Gebiete der Dritten Welt. In Nordamerika beläuft sich die Mitgliederzahl auf etwa 0.1 und in Europa auf ca. 0.03 Millionen. In Iran (rund 0.3 Millionen) und anderen islamischen Staaten ist der Bahá'ismus verboten oder starken Beschränkungen unterworfen. Im Iran kam und kommt es zudem immer wieder zu blutigen Verfolgungen der Baha'i.

Universelles Haus der Gerechtigkeit in Haifa/Israel um 1963

Nach bahá'istischer Lehre offenbart sich Gott den Menschen in zyklisch wiederkehrenden Weltepochen, um den im Kern sich gleich bleibenden göttlichen Willen dem Zeitgeist entsprechend immer wieder aufs Neue zu bekunden.

Die Bahá'í betrachten ihren Glauben im gegenwärtigen Tausendjahrzyklus als die allein gültige Willenskundgebung Gottes. Die ihm vorausgegangenen Hoch- bzw. Buchreligionen werden als Vorstufen zur eigenen Lehre zwar anerkannt, doch gingen sie mit der Offenbarung Bahá'ulláhs ihres einst göttlichen Auftrags verlustig. Ein gleichzeitiges Nebeneinander verschiedener gleichwertiger Glaubenslehren wird daher abgelehnt[12].

Verfassungsrechtliche Leitlinien

Bevor man sich der Auffassung der Baha'i nähert, soll zunächst dargelegt werden, von welchen Voraussetzungen in der deutschen Verfassung im Bezug auf die staatliche Ordnung ausgegangen wird und ob diese Voraussetzungen auf legalem Wege änderbar sind.

Die Hauptaussage zu den Strukturprinzipien der Bundesrepublik Deutschland findet sich in

Artikel 20, Absätze 1 bis 3

Das Universelle Haus der Gerechtigkeit in Haifa / Israel

(1) Die Bundesrepublik Deutschland ist ein demokratischer und sozialer Bundesstaat.
(2) Alle Staatsgewalt geht vom Volke aus. Sie wird vom Volke in Wahlen und Abstimmungen und durch besondere Organe der Gesetzgebung, der vollziehenden Gewalt und der Rechtsprechung ausgeübt.
(3) Die Gesetzgebung ist an die verfassungsmäßige Ordnung, die vollziehende Gewalt und die Rechtsprechung sind an Gesetz und Recht gebunden[13].

Diese Grundlagen der staatlichen Ordnung sind nicht nur bindendes Recht, sie unterliegen auch keiner irgendwie gearteten Beliebigkeit und Verfügbarkeit. Um dies zu unterstreichen kennt das Verfassungsrecht den Begriff der „Ewigkeitsgarantie“. Eine solche Garantie für die Strukturprinzipien der Bundesrepublik Deutschland stellt der nachfolgende Artikel des Grundgesetzes dar:

Artikel 79, Absatz 3

Eine Änderung dieses Grundgesetzes, durch welche die Gliederung des Bundes in Länder, die grundsätzliche Mitwirkung der Länder bei der Gesetzgebung oder die in den Artikeln 1 und 20 niedergelegten Grundsätze berührt werden, ist unzulässig.

Das europäische „Haus der Andacht" in Hofheim-Langenhain, ca. 20 km westlich von Frankfurt im Taunus

Jeder Änderung der staats- und verfassungsrechtlichen Ordnung hat sich daher an die im Artikel 20 aufgeführten Strukturprinzipien zu halten:

Republikprinzip,
Demokratieprinzip,Sozialstaatsprinzip,
Bundesstaatsprinzip und
Rechtstaatsprinzip.

Aufgrund der negativen Erfahrungen mit der Weimarer Verfassung, eine Verfassung welche sogar den Todfeinden dieser Verfassung alle Rechte und Möglichkeiten gewährte, kennt das Grundgesetz im Bezug auf die in Artikel 20, Absätze 1 bis 3 genannten Strukturprinzipien ein aktives Widerstandsrecht aller Bürger:

Artikel 20, Absatz 4

Gegen jeden, der es unternimmt, diese Ordnung zu beseitigen, haben alle Deutschen das Recht zum Widerstand, wenn andere Abhilfe nicht möglich ist.

Bei der Ausgestaltung des Demokratieprinzips besteht Einigkeit zwischen demokratischen Politikern, Staatsrechtlern und den obersten deutschen Gerichten, daß hierin wenigstens eingeschlossen sind:

Wahlen und Abstimmungen,
das Parlamentsprinzip,
das Mehrheitsprinzip,
das Mehrparteiensystem,
der Schutz der Minderheiten und die
Dreiteilung der Gewalten.

Dies alles ausgehend von dem Kernsatz des bereits zitierten Artikel 20 des Grundgesetzes: „Alle Staatsgewalt geht vom Volke aus!“ Das Volk also ist Dreh- und Angelpunkt aller staatlichen Ordnung, Platz für andere Souveräne ist da nicht übrig. Daran ändert auch der Umstand nichts, daß in der Präambel dieser Verfassung ein Hinweis auf Gott erfolgt:

Präambel

Im Bewußtsein seiner Verantwortung vor Gott und den Menschen,
von dem Willen beseelt, als gleichberechtigtes Glied in einem vereinten Europa dem Frieden der Welt zu dienen,
hat sich das Deutsche Volk kraft seiner verfassungsgebenden Gewalt dieses Grundgesetz gegeben.

Der hierin enthaltene Hinweis auf Gott beinhaltet keinerlei staatsrechtliche Verpflichtung, denn schon kurz darauf heißt es kategorisch daß sich das Deutsche Volk sein Grundgesetz kraft seiner verfassungsgebenden Gewalt und somit selber gegeben hat.

Die Baha´i-Religion und der Staat

Bei der Darstellung der Baha´i-Sicht wurde hauptsächlich Bezug genommen auf Aussagen der Gründer dieser Religion und auf Baha´i-Autoren[14]. Als Quellen wurden zumeist Werke herangezogen, welche für den Leser leicht zugänglich sind.

Bei der Untersuchung wird zunächst nur die Hauptströmung der Baha´i-Religion, deren Leitung, das Universale Haus der Gerechtigkeit, sich in Haifa/Israel befindet, berücksichtigt[15]. In einem eigenen Kapitel sollen jedoch auch die Auffassungen der sog. Orthodoxen Baha´i, der Freien Bahai und der sog. Kritischen Baha´i dargelegt und bewertet werden.

Während es im Judentum und im Christentum zwar durchaus Regeln für das Zusammenleben der Menschen gibt, fehlen letztlich konkrete Aussagen über erwünschte oder nicht erwünschte staatliche und verfassungsrechtliche Systeme. Anders dagegen der Islam, der in der Schariat ein Rechtssystem kennt, welches eine Trennung zwischen weltlichem und geistlichem ablehnt. Allerdings sind die Aussagen über eine gottgewollte staatliche Ordnung so vielschichtig und teilweise auch widersprüchlich, daß es bis zum heutigen Tage keine einheitliche islamische[16] Auffassung zu diesem Komplex gibt. Man ist sich innerhalb des Islam lediglich weitgehend einig, daß ein islamischer Staat nicht mit „westlichen" Begriffen zu definieren ist. Er sei weder theokratisch, totalitär, autokratisch oder parlamentarisch-demokratisch, sondern eben „islamisch". Einem islamischen Staat fehle u.a. die Dreiteilung der Gewalten[17].

Auch die Bahaí-Religion kennt grundsätzlich keine Trennung zwischen Weltlichem und Geistlichem. Im Gegensatz aber zum Islam bietet sie ein komplexes System, sozusagen einen Gegenentwurf zum heutigen staats- und verfassungsrechtlichen Bestehendem an. Sie selbst nennt ihn u.a. das „Grundgesetz Gottes für dieses Zeitalter"[18]. Mit diesem, von ihr zumeist „Administrative Ordnung" genannten Gegenentwurf tritt die Baha´i-Religion auch gegenüber Interessenten in Erscheinung. So heißt es in einer Informationsschrift der Baha´i in Deutschland: „Mit diesem System, ..., bauen die Baha´i ein Modell der von Baha´Ullah vorgezeichneten Weltordnung,..."[19]. Nach Auffassung der Baha´i geht diese Ordnung auf Baha´ullah (1817-1892) , den eigentlichen Begründer ihrer Religion zurück und gehört damit zu den offenbarten Wahrheiten. Diesen Wahrheiten schuldet der Gläubige Baha´i in ihrer Gesamtheit Gehorsam, oder um es mit den Worten des deutschen Baha´i Udo Schaefer auszudrücken: „Eine nur partielle Annahme der Offenbarung Baha´Ullahs ist denknotwendig ausgeschlossen, weil Baha´Ullah sofort auf die Stufe des fehlbaren Menschen gestellt wird, wenn Teile seiner Botschaft zurückgewiesen werden[20].

Das „Haus der Andacht“ in Wilmette bei Chicago / USA

Von Shogi Effendi (1897-1957), dem „Hüter“ der Baha´i-Religion wird die Administrative Ordnung wie folgt beschrieben: „Die Administrative Ordnung ... ist vermöge ihres Ursprungs und ihrer Eigenart einzigartig in der Geschichte der religiösen Weltsysteme. ... Ebensowenig läßt sich der ihre Handhabung beherrschende Grundsatz mit dem irgendeines anderen Systems vergleichen, sei es nun theokratisch oder wie immer sonst es Menschengeist für die Herrschaft menschlicher Einrichtungen erdacht hat. Weder von der Theorie noch von der Praxis der administrativen Ordnung des Glaubens Baha´ullahs kann gesagt werden, daß sie mit irgendeiner Form demokratischer Regierung, einem System der Autokratie, einer rein aristokratischen Ordnung oder einer der mannigfaltigen Theokratien –Judentum, Christentum oder Islam-, deren die Menschheit in der Vergangenheit zeuge gewesen ist, übereinstimmt. ... – dies sind einige der charakteristischen Merkmale, die sich miteinander verbinden, um die mit der Offenbarung Baha´ullahs gleichzusetzende Ordnung von allen bestehenden Systemen menschlicher Ordnung abzuheben“[21]. Eine solche Ordnung aber muß nach den Worten Shogi Effendis „...schließlich zur Begründung des Baha´i-Staates führen...“[22].

Weiterhin heißt es bei Shogi Effendi: ... Der beste Weg eines Baha'i, seinem Lande und der Welt zu dienen, ist der Dienst an der Errichtung der Weltordnung Baha'Ullahs, die nach und nach alle Menschen vereinigen und alle trennenden politischen Systeme aufheben wird"[23].

Gegenüber den amerikanischen Baha'i erklärt Shogi Effendi: „Die Verwaltungs- und Gesellschaftsordnung, die in die Lehren Baha'Ullahs eingeschlossen ist, ..., sollte unter keinen Umständen mit den Prinzipien gleichgesetzt werden, die den heutigen Demokratien zugrunde liegen"[24].

Udo Schaefer führt hierzu aus: „Die der Gemeindeordnung Baha'Ullahs zugrunde liegenden Strukturprinzipien, die modellhaft sind für seine neue Weltordnung, sind gewiß nicht die der heutigen parlamentarischen Parteiendemokratie. Die Ordnung vereinigt, wie von Shogi Effendi dargetan ..., alle drei von Aristoteles dargestellten Herrschaftsformen und ist doch keinem dieser Systeme vergleichbar"[25].

Noch deutlicher aber sind die folgenden Aussagen: „Die Religion hat dem Staat ein Gesetz zu geben...Gib dem Kaiser...und Gott, was Gottes ist, ist durch das Gesetz der Einheit der Menschen, offenbart durch Baha'Ullah, für ungültig erklärt worden...". Über Shogi Effendi wird gesagt, dieser beweise durch die Auslegung der Lehren Baha'Ullahs „wahre Weltstaatskunst"[26]. Und Shogi Effendi stellt selber fest: „Es gibt überhaupt kein politisches System, daß man mit der von der Meisterhand ihres vollendeten Baumeisters gebildeten Verwaltungsordnung[27] gleichgesetzt werden kann"[28].

Welch ein absoluter Anspruch wird da erhoben. Was darunter zu verstehen sein mag, drückte im Jahre 1932 ein Vertrauter Shogi Effendis in Deutschland, ein Mr. Klus recht drastisch aus, indem er ausführte, „daß die Menschen an die Kette gelegt werden müßten, ... , und daß sie mit eherner Peitsche zur Disziplin und zum gehorsam gezwungen werden müßten, anders werde es nie besser in der Welt. ... Die Peitsche aber könne nur ein Einzelner schwingen, weshalb das Hüteramt[29] errichtet worden sei. Shogi sei zum Herrscher geboren, unter ihm[30] müßten sich alle Menschen der Welt beugen, auch die Herrscher und Könige; ..."[31].

Die Baha'i – Zeitschiene

Hinzuweisen ist in diesen Zusammenhängen natürlich auch auf den Umstand daß von Baha'i-Seite vorgetragen wird, die Einführung der Administrativen Ordnung und der anderen Baha'i-Vorschriften können nur schrittweise erfolgen. Das Universale Haus der Gerechtigkeit in Haifa führte dazu aus: „Dieser im göttlichen Ratschluß liegende Aufschub bei der Offenbarung des Grundgesetzes Gottes für dieses Zeitalter und die spätere schrittweise Einführung seiner Bestimmungen veranschaulicht das Prinzip der fortschreitenden Gottesoffenbarung....“[32]. Udo Schaefer bemerkt dazu, „..., daß die Einführung des Gottesgesetzes nicht ipso jure, mit der Offenbarung und Verkündigung, sondern schrittweise, in einem historischen Prozeß erfolgt“[33].Und Shogi Effendi hatte bereits 1934 ausgeführt: „Die Verwaltungsordnung...wird, wenn ihre Bestandteile, ihre organischen Institutionen mit Kraft und Nachdruck in Tätigkeit treten, ihre Ansprüche geltend machen und ihre Eignung erweisen, nicht nur als Kern, sondern als das Muster der neuen Weltordnung angesehen zu werden, die dazu bestimmt ist, wenn die zeit sich erfüllt, die ganze Menschheit zu umfassen...“[34]. Weiter schreibt Shogi Effendi: „Der Aufstieg und die Errichtung dieser Administrativen Ordnung, die Hülle, die einen so kostbaren Stein schützt und birgt, stellt die Wertmarke dieses zweiten und formgebenden Zeitalters der Baha'i-Ära dar....“[35].

Wie soll die Administrative Ordnung durchgesetzt werden? Hierüber gibt es keine klare Aussage der Baha'i. Feststeht, daß dies ohne Gewalt zu geschehen habe. Es ist davon auszugehen, daß die Baha'i davon ausgehen, daß die Schritte in Richtung ihrer Administrativen Ordnung je nach Verständnisgrad der Bevölkerung erfolgen wird. Der deutsche Baha'i Udo Schaefer führt dazu aus: „Gleichwohl ist es nicht die Aufgabe der Baha'i, die alte Ordnung niederzureißen. ... Aber die Baha'i sind nicht radikal in der Methode; sie sind nicht subversiv und nicht gewalttätig. Sie wissen, daß dieses alte System von ... souveränen Nationalstaaten ohne ihr Zutun von allein, wie eine faule Frucht auseinanderbrechen wird, wenn die zeit dafür reif ist, und sie kennen ihren Auftrag: der Aufbau des Neuen[36].

Diese Aussagen stellen unzweideutig fest, daß es das Ziel der Baha'i-Religion ist, ihre Administrative Ordnung und weitere Gesetze, weltweit, auch und gerade im staatlichen Bereich anzuwenden.

Die Administrative Ordnung der Baha´i

Wie aber nun ist diese Administrative Ordnung organisatorisch beschaffen? „Mit der Verantwortlichkeit für örtliche Baha´i-Angelegenheiten und deren Überwachung ist eine Körperschaft bekleidet, die als Geistiger Rat bekannt ist.
Diese Körperschaft, auf neun Mitglieder begrenzt, wird jährlich ... durch die erwachsenen erklärten Gläubigen der Gemeinde gewählt, deren Wahlliste von dem scheidenden Geistigen rat aufgestellt wird[37]. Die örtlichen Geistigen Räte eines Landes sind einander angeschlossen und gleichgerichtet durch eine andere erwählte Körperschaft von neun Mitgliedern, den Nationalen geistigen rat. Diese Körperschaft kommt zustande durch eine jährliche Wahl, die durch gewählte Abgeordnete abgehalten wird, welche die örtlichen Baha´i-Gemeinden vertreten...Die Nationaltagung, auf welcher die Abgeordneten sich versammeln, setzt sich aus einer Wahlkörperschaft zusammen, die auf dem Grundsatz proportionaler Vertretung ruht...“[38]. Der unmittelbare Zweck dieses Nationalen Geistigen Rates, ist, durch häufige persönliche Beratung die mannigfaltige Tätigkeit sowohl der Freunde als der örtlichen Räte anzuregen, zu vereinigen und gleichzurichten...“[39]. Die Weltspitze der Baha´i-Religion ist das Universale Haus der Gerechtigkeit in Haifa, hierzu führte Abdul Baha aus: „Und was nun das Haus der Gerechtigkeit betrifft, das Gott als die Quelle alles Guten verordnet und von allem Irrtum befreit hat, so muß es durch allgemeine Wahl, daß heißt durch die Gläubigen, gewählt werden....Auf diese Körperschaft muß sich alles beziehen. Sie erläßt alle Verordnungen und Verfügungen, die nicht ausdrücklich im heiligen Text zu finden sind“[40]. Die Wichtigkeit und Bedeutung der Räte wird durch Shogi Effendi unterstrichen, wenn er ausführt: „Eine der Grundwahrheiten unserer Gesellschaftsordnung, die, wie wir nicht

Das „Haus der Andacht“ in Neu Dehli /Indien

vergessen dürfen, das Vorbild unserer Weltordnung werden wird, ist die, daß selbst der schlecht überlegte Beschluß eines Rates aufrecht erhalten werden muß, um die Einheit der Gemeinschaft zu wahren“[41]. Shogi Effendi weiter: „...; aber ein Baha'i muß den Mehrheitsbeschluß seines Rates annehmen, indem er erkennt, daß Annahme und Eintracht – selbst wenn ein Fehler gemacht wurde – das wahrhaft Wichtige ist....[42]“ und: „Sie müssen lernen, um der Einheit willen zu gehorchen, selbst wenn der Geistige Rat unrecht haben sollte“[43].

Interessant sind auch die Aussagen über finanzielle Belange. Hierzu heißt es bei Shogi Effendi: „Es ist die heilige Pflicht jedes treuen, gewissenhaften Dieners Baha'Ullahs, der Seine Sache vorankommen sehen will, frei und großzügig zum Wachstum des Fonds beizutragen. Die Mitglieder des Geistigen Rates werden die Mittel nach ihrem eigenen Ermessen zur ... in jeder möglichen Weise verwenden[44].

Zu Fragen der Verwaltung schlägt Shogi Effendi den amerikanischen Baha'i vor, daß deren Geistiger Rat „davon absieht, die Verwaltungsvorschriften zu vervielfachen; denn mit wachsender Zahl müssen diese Vorschriften zwangsläufig diejenigen, die zu ihrer Durchführung berufen sind, fesseln und verwirren. ... Vernünftiger wäre es, jeden Fall einzeln dann zu beurteilen, wenn er eintritt, und das damit verbundene Problem auf die zweckmäßigste und praktischste Weise zu lösen“[45]. Hier fehlt jeglicher Hinweis auf eine „rechtmäßige Lösung“. Und weiter: „Jeder Fall, der vor den rat kommt, sollte nach seiner Eigenart beurteilt werden und einzeln entschieden werden“[46].

Grundlegend heißt es bei Shogi Effendi: „Es ist ein Verhängnis, daß manche Gläubige die Tatsache nicht zu begreifen scheinen, daß die Verwaltungsordnung – die örtlichen und nationalen Räte – das Modell der Zukunft sind, so unvollkommen sie uns manchmal vorkommen mögen“[47].

Hier sei wiederum ein Hinweis auf das Grundgesetz der Bundesrepublik Deutschland gestattet, wo auch und gerade der Verwaltung strenge rechtsstaatliche Fesseln angelegt werden. So heißt es im Artikel 20, Absatz 3:

Die Gesetzgebung ist an die verfassungsmäßige Ordnung, die vollziehende Gewalt und die Rechtsprechung sind an Gesetz und Recht gebunden.

Zwischenbilanz

Nach allen diesen Ausführungen dürfte feststehen, daß die grundsätzlichen Auffassungen über Staat und Verfassung der Baha'i – Religion nicht im Einklang mit den Kernaussagen des Grundgesetzes für die Bundesrepublik Deutschland stehen. Dies wird auch von dem bekannten deutschen Baha'i Udo Schaefer so gesehen, führt er doch u.v.a. aus: „Im übrigen ist noch keineswegs ausgemacht, daß die derzeitige Gewaltenkonzentration bei den entscheidungsbefugten Institutionen ein grundlegendes unwandelbares Ordnungsprinzip ist". Damit aber stellen sich die Baha'i gegen die grundlegenden und gem. Artikel 79 Absatz 3 geschützten Strukturprinzipien des Artikels 20 des Grundgesetzes für die Bundesrepublik Deutschland.

Besonderheiten des Baha´i – Systems im Bereich des Privat- und des Strafrechtes

Betrachten wir nachfolgend aber auch noch einige Spezialregeln im Rahmen des Rechtssystems der Baha´i. „Wer nicht Baha´i ist, ist auch nicht erbberechtigt“ legt das Kitab-i-Aqdas fest[48].

Das „Haus der Andacht“ in Apia / Samoa

Zwar wird dieses Gebot gemildert indem jedem Baha´i angeraten wird ein Testament aufzusetzen, hierin können dann auch Nicht-Baha´i bedacht werden[49], doch wie oft kommt es vor, daß aus den unterschiedlichsten Gründen kein Testament gemacht wird oder gemacht werden kann. Immerhin verstarb selbst der Hüter des Baha´i-Glaubens Shogi Effendi im Jahre 1957 ohne ein Testament zu hinterlassen. Von Gesetzes wegen jedenfalls sind Nicht-Baha´i von dem Erbe ausgeschlossen.

Das Grundgesetz für die Bundesrepublik Deutschland aber stellt kategorisch fest:

Artikel 2, Absatz 3, Satz 1

Niemand darf wegen seines Geschlechtes, seiner Abstammung, seiner Rasse, seiner Sprache, seiner Heimat und Herkunft, seines Glaubens, seiner religiösen oder politischen Anschauungen benachteiligt oder bevorzugt werden.

Die Vorschrift über das Erben im Kitab-i-Aqdas steht somit nicht im Einklang mit dem Grundgesetz, da hier durch den Glauben bzw. die religiöse Anschauung (hier: ein Nicht-Baha´i zu sein) Nachteile für den Betroffenen entstehen.

Angehörige der Baha´i-Religion werden dazu angehalten, auch zivilrechtliche Streitigkeiten zwischen ihnen nicht von ordentlichen

Gerichten klären zu lassen, sondern von den jeweiligen örtlichen Geistigen Räten, getreu der Vorschrift des Shogi Effendi: „Alle Angelegenheiten ohne Ausnahme, welche die Interessen der Sache an ... (einem) Ort betreffen, sei es im persönlichen oder im gemeinschaftlichen, sollten ausschließlich dem Geistigen Rat dieses Ortes unterbreitet werden, der darüber entscheiden wird..."[50]. Der deutsche Baha'i Udo Schaefer legt dar, „...daß jede andere Rechtsgestaltung ... ausgeschlossen ist"[51].

Das Grundgesetz für die Bundesrepublik Deutschland stellt zur Frage von privater oder verbandsinterner „Rechtsprechung" fest:

Artikel 101, Absatz 1, Satz 2

Niemand darf seinem gesetzlichen Richter entzogen werden.

Eines der vielen grundlegenden Bücher des deutschen Baha'i Udo Schaefer

Auch hier muß die Feststellung erfolgen, daß die Regelung der Baha'i-Religion nicht im Einklang mit der Verfassung steht. Ganz abgesehen davon, daß die Baha'i-Religion durch ihren totalen Anspruch auf eigene Rechtsgestaltung und -sprechung auf dem Wege ist „zum Staat im Staate zu werden".

Zwei Aspekte aus dem Bereich des Strafrechtes sollen hier auch kurz angesprochen werden, da sie unmittelbar auch das Grundgesetz betreffen.
Im heiligsten Buch der Baha'i, dem Kitab-i-Aqdas[52] wird für Brandstiftung und Mord die Todesstrafe verpflichtend gefordert[53]. Das Grundgesetz für die Bundesrepublik Deutschland aber sagt bindend hierzu aus:

Artikel 102

Die Todesstrafe ist abgeschafft[54].

Weiter wird im Heiligsten Buch der Baha'i gefordert, daß einem Dieb nach seiner dritten Tat ein Zeichen an der Stirn anzubringen ist, auf daß er gekennzeichnet sei und nicht mehr akzeptiert werde in Gottes Städten und Ländern[55].

Das Grundgesetz aber stellt bereits ganz zu Beginn fest:

<u>Artikel 1</u>

(1) Die Würde des Menschen ist unantastbar. Sie zu achten und zu schützen ist Verpflichtung aller staatlichen Gewalt.

Das Grundgesetz macht hier keinerlei Unterschiede zwischen den Menschen und spricht sogar einem Verbrecher seine Würde nicht ab. Eine Stigmatisierung aber würde die Würde des betroffenen Menschen und seiner Angehörigen erheblich verletzen.

Weiter führt das Grundgesetz aus:

<u>Artikel 2</u>

(2) Jeder hat das Recht auf Leben und körperliche Unversehrtheit. Die Freiheit der Person ist unverletzlich. In diese Rechte darf nur auf Grund eines Gesetzes eingegriffen werden.

Die Stigmatisierung eines Menschen, egal wie diese nun genau erfolgen soll, stellt einen erheblichen Angriff auf das Recht auf körperliche Unversehrtheit dar und ist daher verfassungsrechtlich ebenso verboten wie z.B. die Folter.

Auch im Bereich des Strafrechtes gibt es also zwischen den offenbarten und damit für die Baha´i verbindlichen Vorschriften ihrer Religion und dem Grundgesetz erhebliche Widersprüche.

Das Baha'i – System und der Öffentliche Dienst

Nach dieser weiteren Feststellung sei zum Abschluß die Frage gestellt, ob ein Angehöriger der Baha'i-Religion in der Bundesrepublik Deutschland Beamter sein kann. In Deutschland richten sich die Grundsätze des Beamtenrechts ebenfalls nach dem Grundgesetz, wo es in Art 33, Abs. 5 heißt:

Das Recht des öffentlichen Dienstes ist unter Berücksichtigung der hergebrachten Grundsätze des Berufsbeamtentums zu regeln.

Das grundlegende Werk der Baha'i-Religion „Kitab-i-Aqdas" wurde in viele Sprachen übersetzt und publiziert.

Zu diesen hergebrachten Grundsätzen gehört u.v.a. die Pflicht des Beamten zur Verfassungstreue. Dabei genügt hier nicht die bloße Akzeptanz, sondern von dem Beamten wird ein aktives Eintreten für die freiheitlich-demokratische Grundordnung verlangt[56]. Diese freiheitlich-demokratische Grundordnung beschreibt das Bundesverfassungsgericht wie folgt.

„Die freiheitlich-demokratische Grundordnung ist eine Ordnung, die unter Ausschluß jeglicher Willkür- und Gewaltherrschaft eine rechtsstaatliche Ordnung auf der Grundlage der Selbstbestimmung des Volkes nach dem Willen der jeweiligen Mehrheit, der Freiheit und der Gleichheit, der Achtung der Menschenrechte, der Gewaltenteilung, der Unabhängigkeit der Gerichte und des Mehrparteienprinzips gewährleistet"[57].

Da die Auffassungen der Baha'i-Religion aufgrund der ihnen offenbarten Regeln mit diesen Grundsätzen nicht übereinstimmt und die Anhänger dieser Religion gehalten sind, sich an die geoffenbarte Administrative Ordnung und die sonstigen Rechtsvorschriften zu halten, kann ein Angehöriger dieser Religion normalerweise nicht Beamter in Deutschland sein. Hier ist sicherlich auch der biblische Grundsatz „das man nicht zwei Herren dienen kann", anzuwenden. Das es scheinbar doch geht, beweisen immer wieder Baha'i, welche in verschiedenen Länder, auch in Deutschland, Positionen im Staatsdienst einnehmen. Vielleicht macht das aber gerade die Stärke eines demokratischen

Systems aus, daß dieses auch Menschen verkraften kann, welche im Innersten einem völlig anderen System anhängen. Wie der einzelne Baha´i mit diesem Widerspruch, sofern er ihn erkennt, umgeht, bleibt natürlich diesem überlassen.

Die innere Ordnung der Baha´i – Religion im Verhältnis zum Staatskirchenrecht nach dem Grundgesetz

Neben bereits zitierten allgemeinen Bestimmungen der Verfassung kennt das Grundgesetz auch besondere Vorschriften zu Fragen der Religionsfreiheit und des Verhältnisses der Religionsgemeinschaften zum Staat.

Zu den Grundrechten gehört das Bekenntnis zur Religionsfreiheit:

Artikel 4, Absätze 1 und 2

(1) Die Freiheit des Glaubens, des Gewissens und die Freiheit des religiösen und weltanschaulichen Bekenntnisses sind unverletzlich.

(2) Die ungestörte Religionsausübung wird gewährleistet.

Hier dürften keine Probleme bestehen, da die Baha´i sich in Deutschland ungehindert zu Ihrer Religion bekennen können und ebenso ungestört ihre Religion ausüben können. Hierfür sprechen die in vielen Städten existierenden Gemeinden, örtliche Geistige Räte genannt und auch das Haus der Andacht in der Nähe von Frankfurt.

Bei der staatskirchenrechtlichen Betrachtung der Baha´i-Religion haben wir den Umstand zu berücksichtigen, daß deren innere Ordnung identisch ist mit dem Modell daß sie für eine „spätere" Anwendung in allen Staaten der Welt bereit halten.

Einer gesonderten Beschreibung der inneren Ordnung der Baha´i-Religion bedarf es daher nicht, vielmehr sei insbesondere auf die Ausführungen im Kapitel „Die Administrative Ordnung der Baha´i" hingewiesen.

Die Feststellung in der Zwischenbilanz daß die Ansichten der Baha´i-Religion über Staat und Gesellschaft nicht mit dem Grundgesetz für die Bundesrepublik Deutschland übereinstimmen, muß nicht zwangsläufig auch auf die innere Ordnung dieser Religionsgemeinschaft zutreffen – so paradox dies auch zunächst erscheinen mag.

An die innere Ordnung einer Religionsgemeinschaft werden verfassungsrechtlich andere Anforderungen gestellt als an mögliche Programme zur Veränderung der Strukturprinzipien der Bundesrepublik Deutschland.

Ein Beispiel: Die innere Ordnung der Römisch-Katholischen Kirche, deren Bischöfe als administrative und geistige Leiter nicht gewählt, sondern ernannt werden, entspricht sicherlich nicht den Anforderungen des Artikels 20 des Grundgesetzes. Es kommt sogar hinzu, daß auch deutsche Kardinäle das Oberhaupt ihrer Kirche, den Papst, wählen, der zugleich als Wahlmonarch absolutes Staatsoberhaupt des souveränen Vatikanstaates ist. Der Unterschied zur Baha'i-Religion liegt aber u.a. schon darin, daß die Katholische Kirche nicht (mehr) beabsichtigt, weltweit in allen Staaten eine absolute Wahlmonarchie einzuführen. Vielmehr hat sie sich, wenn auch vielleicht zähneknirschend, auch mit der Republik als Staatsform und der Demokratie als Regierungsform abgefunden. Zudem gilt bei ihr auch noch „Gebt dem Kaiser was des Kaisers ist und Gott was Gottes ist".

Über das Verhältnis des Staates zu religiösen Gemeinschaften heißt es im Artikel 137, Absatz 4 der Weimarer Verfassung[58]:

Jede Religionsgesellschaft ordnet und verwaltet ihre Angelegenheiten selbständig innerhalb der Schranken des für alle geltenden Gesetzes. Sie verleiht ihre Ämter ohne Mitwirkung des Staates oder der bürgerlichen Gemeinde.

Nach dieser Vorschrift ist die Baha'i-Religion berechtigt, ihre innere Ordnung nach eigenen Vorstellungen zu gestalten. Das sie sich dabei an die für alle geltenden Gesetze zu halten hat, ist selbstverständlich. Die Baha'i werden angehalten die Gesetze des jeweiligen Landes zu beachten. Nach dem Vorgesagten natürlich nur solange bis die eigene Administrative Ordnung durchgesetzt werden kann. Es ist aber verfassungsrechtlich nicht relevant, aus welchen Gründen Menschen oder Organisationen „gesetzestreu" sind. Eine Gesinnungsüberprüfung findet nicht statt. Ob daher die Anerkennung der Gesetze durch die Baha'i-Religion aus Überzeugung g oder Opportunismus erfolgt, unterliegt keinerlei verfassungsrechtlicher Wertung.

Der Verfassungsvorschrift widerspricht es dabei auch nicht, daß Anweisungen für die Baha' i-Gemeinschaft aus einem anderen Land erfolgen, hier aus Israel. Dies ist bei diversen Religionsgemeinschaften der Fall, als Beispiel wurde schon die Katholische Kirche genannt.

Bisher ist die Baha'i-Religion in Deutschland privatrechtlich als eingetragener Verein organisiert, entsprechend der Weimarer Verfassung, wo es in Art 137, Absatz 4 heißt:

Religionsgesellschaften erwerben die Rechtsfähigkeit nach den allgemeinen Vorschriften des bürgerlichen Rechtes.

Der Baha'i-Religion wäre es aber auch möglich, sich als Körperschaft des öffentlichen rechts zu organisieren, heißt es doch in Artikel 137, Absätze 5 und 6 der Weimarer Verfassung:

Die Religionsgesellschaften bleiben Körperschaften des öffentlichen Rechtes, soweit sie solche bisher waren.

Anderen Religionsgesellschaften sind auf ihren Antrag gleiche Rechte zu gewähren, wenn sie durch ihre Verfassung und die Zahl ihrer Mitglieder die Gewähr der Dauer bieten. Schließen sich mehrere derartige öffentlich-rechtliche Religionsgesellschaften zu einem Verbande zusammen, so ist auch dieser Verband eine öffentlich-rechtliche Körperschaft.

Sogar die Erhebung von Kirchensteuern wäre dann nach Artikel 137, Absatz 6 der Weimarer Verfassung für die Bahaí-Religion möglich:

Die Religionsgesellschaften, welche Körperschaften des öffentlichen Rechtes sind, sind berechtigt, auf Grund der bürgerlichen Steuerlisten nach Maßgabe der landesrechtlichen Bestimmungen Steuern zu erheben.

Bleibt also nur zu prüfen, ob möglicherweise bestimmte Praktiken der Baha'í-Religion nicht mit dem geltenden Recht im Einklang steht. Dies würde zugleich bedeuten, daß sich diese Religionsgemeinschaft an bestimmte Gesetze und Vorschriften nicht halten würde.
In diesem Zusammenhang soll geprüft werden, wie es sich mit der Praxis des Exkommunizieren innerhalb der Baha'i-Religion verhält und ob damit möglicherweise Normen des Grundgesetzes betroffen sind.

Die Geschichte der Baha'i-Religion hat gezeigt, daß mit dem Instrument der Exkommunikation äußerst rigide umgegangen wurde. So wurden fast alle Familienangehörigen des Gründers Baha'Ullah und seines Sohnes Abdul Baha vom „Hüter" Shogi Effendi exkommuniziert[59], ebenso der langjährige Sekretär Abdul Bahas, der Perser Ahmad Sohrab „wegen seiner Angriffe auf das Hütertum und seiner spalterischen Tätigkeit als Bundesbrecher"[60].

Eine Exkommunikation erfolgt in Fällen des sog. „Bundesbruches", hierunter fallen die Subversion und des Aufruhrs, beide Begriffe werden nicht näher erläutert, dafür aber werden die sog. Bundesbrecher als

„subversive Elemente“ bezeichnet und Vergleiche zu „verbrecherischen Schädlingen“ gezogen[61]. Die Baha'i-Religion kennt sogar das Instrument der „posthumen Exkommunikation“[62].

Ebenso werde bereits freiwillig ausgetretene Mitglieder dennoch exkommuniziert. Der Schweizer Autor Francesco Ficicchia trat im November 1974 aus der Baha'i-Religionsgemeinschaft aus und wurde dennoch zu einem späteren Zeitpunkt exkommuniziert[63]. Wie sich ein solches Verhalten mit der Baha'i-Aussage vereinbaren läßt, wonach „jeder Gläubige das Recht (hat), ohne jegliche Stigmatisierung aus der Gemeinde Baha'Ullahs auszuscheiden, wenn er seinen Glauben verloren hat,...“ ist nicht ersichtlich.

Mit Exkommunizierten darf keinerlei Kontakt mehr gepflegt werden, sie gelten als aus der Gesellschaft ausgestoßene. Dies gilt auch im Verhältnis zwischen Eltern und Kindern. „Die Erklärung zum Bundesbrecher ist deklaratorisch, der Ausschluß aus der Gemeinde, ..., konstitutiv. Die Exkommunikation, ... , hat die Wirkung, daß die Gläubigen mit dem Exkommunizierten nicht verkehren dürfen. ... Die Bundesbrecher sind zu meiden, ... „[64]. Zugegebenermaßen stellt dieses Instrument in der heutigen demokratischen Gesellschaft kein echtes rechtliches Problem mehr dar. Das normale Leben des Ausgeschlossenen geht im Rahmen der Zivilgesellschaft weiter. In früheren Zeiten oder in geschlossenen Baha'i-Ortschaften sieht die Problematik für die betroffenen natürlich völlig anders aus[65]. Der Entzug der Gemeinschaft stellt dort faktisch zugleich den Entzug der bürgerlichen Rechte dar, dem bei wem soll der Exkommunizierte einkaufen, zum Friseur gehen, sein Auto reparieren lassen usw.? Aber auch in unserer modernen Gesellschaft darf nicht verkannt werden, daß Exkommunikationen zu schweren psychischen Problemen führen können, wenn es selbst Familienangehörigen untersagt wird, irgend einen Kontakt zu pflegen.

Als minder schwere Strafe, oft als Vorstufe zur Exkommunikation, kann der „Entzug der administrativen Rechte“ ausgesprochen werden. Dieser „bedeutet den temporären Verlust des aktiven und passiven Wahlrechts, des rechts an der administrativen Gemeindeversammlung (...) teilzunehmen und für den Fonds zu spenden“[66].

Das Grundgesetz stellt in seinem Artikel 3 Absatz 3 fest:

Niemand darf wegen seines Geschlechtes, seiner Abstammung, seiner Rasse, seiner Sprache, seiner Heimat und Herkunft, seines Glaubens, seiner religiösen oder politischen Anschauungen benachteiligt oder bevorzugt werden.

Zudem beruft sich die deutsche Verfassung zudem auf die Menschenrecht im Artikel 1 Absatz 2, wo es heißt:

Das Deutsche Volk bekennt sich darum zu unverletzlichen und unveräußerlichen Menschenrechten als Grundlage jeder menschlichen Gemeinschaft, des Friedens und der Gerechtigkeit in der Welt.

Zu den anerkannten Menschenrechten aber gehört auch der sanktionsfreie Religionswechsel eines Menschen, sagt doch die „Universal Declaration of Human Rights“ im Artikel 18, Satz 1 . u.a. aus:

Everyone has the right to freedom of thought, conscience and religion; this right includes freedom to change his religion or belief,

Die Praxis der Baha´í-Religion widerspricht sicherlich dem Geist des deutschen Grundgesetzes und auch dem der Universal Declaration of Human Rights. Da aber, wie bereits dargelegt, eine Exkommunikation im Rahmen der deutschen Gesellschaft und des sozialen Zusammenlebens keine juristischen Folgen hat, dürfte ein tatsächlicher verstoß gegen verfassungsrechtliche Bestimmungen nicht vorliegen. Die sicherlich häufig auftretenden psychologischen Probleme der Betroffenen können verfassungsrechtlich nicht ausgeräumt werden.

Wie werden die Baha'i und ihre Ziele wahrgenommen?

Aufgrund ihrer wenigen Mitglieder wird die Baha'i-Religion in Deutschland zur Zeit kaum wahrgenommen. Manche kennen vielleicht noch das Baha'i-Haus der Andacht in der Nähe von Frankfurt, manch einer hat vielleicht einmal eine Broschüre der Baha'i gesehen. Für andere wiederum stellt die Baha'i-Religion, sicherlich zu unrecht, eine der vielen „exotischen" östlichen Religionen dar, quasi ein weiteres Angebot im „Supermarkt des Übersinnlichen"[67].

So bleibt es praktisch den „Fachleuten", also Theologen, Historikern, Juristen etc., überlassen, sich mit dieser jungen Religion auseinanderzusetzen.

Dabei taucht jedoch ein Problem auf. Fast immer wird die kritische Auseinandersetzung von den Baha'i als Gegnerschaft aufgefaßt und entsprechende Gegenmaßnahmen eingeleitet.

Dabei hält man sich an die Ratschläge aus der offiziellen Baha'i-Literatur. So findet man u.a. in einer Baha'i-Broschüre[68] ganz klar dargelegt was ein Baha'i von kritischer Literatur zu halten hat und vor allem wie er damit umzugehen hat: „...Ein Kennzeichen der Gegner der Sache ist, daß sie ihre verhüllten und unverhüllten Angriffe in das Gewand scheinbarer Sachlichkeit zu kleiden trachten...Diese Kritik schließt auch einen großen Teil der mit dem Anspruch auf Wissenschaftlichkeit auftretenden Nicht-Baha'i-Veröffentlichungen über die Baha'i-Sache ein". Damit wird jede mögliche Kritik bereits negiert bevor sie überhaupt ausgesprochen werden kann.

Eine weitere Methode der Baha'i besteht darin, daß man dem vermeintlichen Gegner jegliche Qualifikation abspricht. So wird z.B. häufig darauf hingewiesen, daß es sich bei Autoren, die nicht der Baha'i-Religion selber angehören, nicht um vergleichende Religionswissenschaftler handelt, vergißt aber zugleich geflissentlich anzugeben, daß die meisten Baha'i-Autoren es ebenfalls nicht sind[69]! Ähnliches gilt für den Vorwurf der „Gegner" beherrsche keine orientalischen Sprachen, ein Umstand, der zumindest auch auf die meisten deutschen Baha'i-Autoren zutreffen dürfte[70].

Der häufige Hinweis im Bezug auf ehemalige Baha'i, die regelmäßig als „Bundesbrecher" bezeichnet werden, eine (zeitweilige) Mitgliedschaft in einer Religion alleine mache noch nicht den Fachmann aus, ist zwar richtig, trifft aber umgekehrt dann auch auf die Baha'i-Autoren selber zu.

Richtig ist natürlich zunächst auch der immer wiederkehrende Hinweis der Baha'i, daß man „Glauben“ nicht wissenschaftlich bewerten kann und darf. Doch mit diesem Argument kann, böser Wille vorausgesetzt, jegliche Diskussion abgewürgt werden. In einem solchen Falle bedarf es dann aber auch keiner Gegendarstellungen u.ä.! Ein Beispiel: Das es sich bei Baha'Ullah um einen Mann gehandelt hat, der über ein sehr großes persönliches Durchsetzungsvermögen verfügte, läßt sich historisch nachzeichnen. Ähnliches gilt für Abdul'Baha. Ob eine solche Fähigkeit dann diesen Männern kraft ihrer Person zugestanden wird oder ob dahinter göttliches Walten angenommen wird, daß ist dann in der Tat eine reine Glaubensfrage und wissenschaftlich nicht zu hinterfragen,

Die weitere Grundüberzeugung der Baha'i, daß Forscher grundsätzlich nur von der eigenen Sicht der Baha'i – Religion, auszugehen haben, dürfte wissenschaftlich nicht haltbar sein. Es käme dann wohl kaum zu einem objektiven Herangehen an ein Forschungsobjekt. Bleibt anzumerken, daß die Baha'i selber bei Publikationen über andere Religionen sich auch nicht an Schaefers Grundüberzeugung halten.

Diese Ausführungen zeigen, daß es relativ schwierig ist, die Baha'i zu beschreiben, ohne gleich in den Verdacht zu geraten, gegen diese Religionsgemeinschaft vorgehen zu wollen.

Das Bild der Baha'i in Fachpublikationen schwankt daher oft zwischen Extremen. Es kommt erschwerend hinzu, daß selbst Fachleute übersehen, daß es sich bei der Baha'i-Religion um eine Organisation handelt, die auch außerhalb ihrer engeren Gemeindeorganisation weitreichende Ziele verfolgt.

So hat der verstorbene Oberkirchenrat Kurt Hutten in mehreren Auflagen seines Standardwerkes „Seher, Grübler, Enthusiasten. Das Buch der traditionellen Sekten und religiösen Sonderbewegungen“ zwischen 1950 und 1968 ein ausgesprochen positives Bild der Baha'i-Religion gezeichnet. Zitat aus der 1. Auflage von 1950: Die Baha'i-Religion wirkt anziehend gerade für den modernen Menschen. Denn sie ist einfach, warm und klar. ... Sie ist eine Religion ohne Ärgernis. Sie paßt sich dem Gegenwartsmenschen, indem sie auf die in ihm lebende Vorstellungswelt eingeht, seine Sehnsucht nach einer besseren Zukunft aufgreift, dem sozialen, politischen und humanitären Fortschritt das Wort redet, die Vernunft auf den Thron setzt, eine Übereinstimmung von Glauben und Wissen lehrt, sich als die stimme aller religiösen Wahrheiten ausgibt, sich für Toleranz und weites Denken einsetzt, religiöse Forderungen und natürliche Klugheit miteinander vereint...sie sanktioniert das, was er aus seiner Vernunft an edlen Idealen aufstellt, als göttliche Offenbarung und bestätigt so sein Streben. Lauter Empfehlungen für die Baha'i-Religion[71]". Bedarf es einer besonderen Hervorhebung, daß die Baha'i-Religion in ihren 3 prophetischen Führern und ihren Lehren und Zielen sehr viel Liebenswertes besitzt? Ist dieser milde Geist der Lebensweisheit, der Weite, der Friedfertigkeit und Brüderlichkeit nicht eine Gabe, die unsere von Haß und Mißtrauen zerrissene Welt bitter notwendig braucht?"[72].

Ab einem gewissen Zeitpunkt an hat Hutten dann auch die Streitigkeiten in und um die Baha'i-Religion ausführlicher, vielleicht sogar zu ausführlich, beschrieben und auf gewisse Widersprüche hingewiesen. So schreibt er u.v.a.: „Die ganze Errichtung des Hüteramtes, das dazuhin noch vererbbar sein sollte, war nach Auffassung der Opposition unvereinbar mit dem Geist und Wesen Abdul Bahas, der nicht herrscherliche Ansprüche stellte, sondern Güte ausstrahlte..."[73].

Der Religionswissenschaftler Helmuth von Glasenapp führt aus: „Die Baha'i-Religion ist unzweifelhaft eine Religion, die genauso zu bewerten und zu behandeln ist wie Christentum. Judentum, Islam, Buddhismus usw."[74].

Später sagt von Glasenapp daß die Baha'i-Religion „eine neue, alle früheren Glaubensformen umfassende und überhöhende Weltreligion sein will"[75].

Bei D. Rosenkranz heißt es: „Im Baha'i-tum bietet die neuere Religionsgeschichte ein Beispiel dafür, wie aus einer Weltreligion, in diesem falle des Islam, eine Bewegung entstehen kann, die nicht nur den Anspruch erhebt, selbst eine Weltreligion zu sein, sondern auch die religionsphänomenologischen Merkmale einer solchen aufweist..."[76].

Friedrich Heiler schließlich bemerkt: „...Der Baha'ismus steht somit als geschichtliche Erscheinung den anderen Universalreligionen, dem Hinduismus, Buddhismus, Judentum, Islam, Sikhismus und Christentum ebenbürtig zur Seite.[77]"

Günther Lanczkowski führt aus: „Die ethischen Forderungen des Bahaismus, die die Gleichheit aller Menschen, allgemeine Menschenliebe, den Weltfrieden und die aktive Förderung von Wohlfahrtseinrichtungen erstreben, sind zusammengefaßt in den ..."[78].

Doch den eigentlichen Kern der Baha'i-Religion haben weder Hutten noch die anderen Autoren erkannt. Daß die Baha'i eine andere Staaten- und Weltordnung aufzubauen gedenken, eine Ordnung, die z.B. mit dem

Grundgesetz für die Bundesrepublik nicht vereinbar ist, wird bei ihnen nicht erwähnt.

Auch in den meisten Lexika findet man nur sehr allgemein gehaltene Beschreibungen der Baha'i-Religion, wie die zwei nachfolgenden willkürlichen Beispiele ausweisen:

„Baha'i-Religion, aus dem Babismus entstanden, will Universalreligion sein. ...Der Menschheit im Sinne der Freiheit, Brüderlichkeit und Gerechtigkeit zu dienen, ist höchster Gottesdienst, der in den Zwölf Grundsätzen der Baha'i-Weltreligion alle sittl. Forderungen aller Religionen zusammenfaßt. ...“[79].

„Baha'iismus, nach Baha'Ullah (Glanz Gottes), ... ben. pantheistische[80] Bewegung; erstrebt rel.-soz. Weltbürgertum;...“[81].

„Baha'i, Name für eine Religion und deren Anhänger, ... streben die B. eine Weltzivilisation an. Gefordert: Gebet, Meditation, gute Tat...“[82].

Interessant dürfte in diesem Zusammenhang auch sein, wie man Israel die Baha'i sah und sieht. Als mein Freund 1967 von Israel nach Deutschland übersiedelte, erzählte er mir auch von den persischen Gärten in Haifa und der dort ansässigen Baha'i-Bewegung. Er bezeichnet sie seinerzeit als eine Bewegung, die über den Religionen steht und will, daß alle Religionen friedlich miteinander umgehen. Die Baha'i würden alle Religionen als gleichberechtigt ansehen. Kein Wort von einer eigenen Konfession oder Religion. Eine Rückfrage im Jahre 2003 ergab, daß er von den Zielen der Baha'i, z.B. einer Administrativen Ordnung weder in Israel, noch später in Deutschland etwas gehört habe.

Auch in einer Broschüre des israelischen Außenministeriums über die Baha'i in Israel findet sich keinerlei Hinweis auf staatsrechtliche Problemstellungen, auf das eigentliche Ziel der Baha'i-Religion, die Administrative Ordnung weltweit. Dies ist jedoch nicht verwunderlich, da in Israel die Baha'i sich eine Selbstverpflichtung auferlegt haben. In Israel wird grundsätzlich nicht missioniert und es werden keine Proselyten gemacht. Baha'i-Pilger aus aller Welt dürfen ihre heiligen Stätten nur mit einer Sondergenehmigung des Universalen Hauses der Gerechtigkeit in Haifa besuchen[83].

Darstellung und Bewertung der Ansichten weiterer Baha'i-Gruppen in Vergangenheit und Gegenwart

In der bisherigen Untersuchung wurden die außerhalb des mainstreams stehenden Baha'i-Gruppierungen nicht berücksichtigt. Doch auch deren Ansichten sollen zumindest ansatzweise dargestellt und bewertet werden.

Orthodoxe Baha'i mit dem Hauptsitz in Roswell, New Mexico/USA[84]

Als Orthodoxe Baha'i bezeichnen sich die 1963 exkommunizierten Anhänger von Mason Remey.

Eines der Symbole der Orthodoxen Baha'i in den USA

Nach dem Tode des „Hüters" Shoghi Effendis übernahm ein "Internationaler Bahá'í-Rat", dessen Mitglieder noch von Shogi Effendi ernannt worden waren, kommissarisch die Leitung der Gemeinschaft, bis 1963 von den Mitgliedern aller nationalen Bahá'í-Körperschaften ein aus neun Mitgliedern bestehendes »Universales Haus der Gerechtigkeit« errichtet wurde . Drei Jahre zuvor erhob der US-Amerikaner Charles Mason Remey (1874-1974), seit 1958 Präsident des Internationalen Bahá'í-Rates, den Anspruch, zur Nachfolge im Hüteramt durch Shogi Effendi bestimmt zu sein. Remey vermochte einen gewissen Anhang um sich zu bilden (u.a. in den USA, Frankreich und Pakistan) und ernannte Ende 1969 Joel Bray Marangella zu seinem Nachfolger als Hüter. Diese am Hüteramt festhaltende Gruppierung, die sich selbst »Orthodoxe Bahá'í«, bzw. in den USA auch „The Mother Baha'i Council of the United States" nennt, hat ihren Sitz in New Mexico (USA).

Außer in der Frage des Weiterbestehens des Hüteramtes gibt es zwischen den orthodoxen Bahai und der Baha'i-Religion keine wesentlichen Lehrunterschiede. Die bezüglich der Baha'i-Religion getroffenen verfassungsrechtlichen Aussagen treffen insoweit auch auf die orthodoxen Baha'i zu.

Freie Bahai[85]

Als Freie Bahai (sic) bezeichneten sich in Deutschland von 1927 bis zum Verbot im Jahre 1937 die Anhänger der kleinen Weltunion Bahai, hauptsächlich im Stuttgarter Raum. Begründet wurde die Weltunion Bahai von Wilhelm Herrigel, einem frühen Anhänger der Baha'i-Bewegung in Deutschland. Nach 1945 kam es in Deutschland, ebenfalls im Raum Stuttgart, zur Gründung der Weltunion für Universale Religion und Universalen Frieden durch Hermann Zimmer, die nur über eine Handvoll Anhänger verfügte. In den USA kam es durch den Iraner Ahmed Sohrab, einem früheren Sekretär Abdul Bahas, 1929 zur Gründung der New History Society, verbunden mit dem Baha'i- Book Shop. Später gründete Sohrab den weltweiten Brieffreundschaftsclub „The Caravan of East and West“ mit Sitz in New York. Letztere Organisation fühlte sich zwar den Baha'i-Idealen verpflichtet, war aber keine Baha'i-Organisation im eigentlichen Sinne. Zu Sohrab stießen auch die amerikanische Baha'i Julie Chanler sowie ein Cousin Shogi Effendis, der Perser Ruhi Afnan. Mit der Baha'i-Organisation gebrochen hatte, nach Kritik an dem Testament Abdul Bahas und der Organisationsstruktur der Baha'i, ebenfalls die Amerikanerin Ruth White. Diese freien Baha'i in den USA stimmten in vielen Punkten mit der Baha'i-Organisation überein, lehnten aber insbesondere deren Rigorismus ab. Nachforschungen Ende 2002 ergaben daß von den genannten Organisationen wohl keine mehr existiert[86].

Ausgehend von den Worten Abdul Bahas „Niemand kann den Baha'i-Geist auf Flaschen ziehen“[87], lehnten die Freien Bahai, insbesondere in Deutschland, es ab, im Baha'iismus eine neue Religion zu sehen. Für sie waren auch die Vorschriften des Kitab-i-Aqdas nicht verbindlich, wenn sie allerdings auch darauf bestanden, daß es abschließend ist und seine Gesetze nicht verändert werden dürfen[88]. Sie legten dar, daß erst mit der Einsetzung des „Hüters“ Shogi Effendi im Jahre 1922 aus dem Baha'iismus eine eigenständige Religion bzw. Konfession wurde, während es sich vorher um eine Bewegung für die Versöhnung der Völker und Religionen gehandelt habe, was u.a. bei dem Besuch Abdul Bahas in Deutschland im Jahre 1913 klar zum Ausdruck gekommen sei. So schrieb z.B. das Stuttgarter Neuen Tagblatt am 24.4.1913: »...Abdu'l-Bahá, das Haupt einer großen, über die ganze Welt verbreiteten Universal- Friedens- und Religionsbewegung .... Baha'i-Bewegung. Man schreibt uns: der Leiter und das Haupt einer großen ethischen Bewegung im Orient, welche von dort aus in der ganzen Welt schon Eingang gefunden hat und Tausende von Anhängern unter den Christen, Juden, Mohammedanern, zählt ... Es ist dies keine neue Religion....«[89].

Einige Freie Baha'i warfen zudem Shogi Effendi vor, das Testament Abdul Bahas gefälscht zu haben und sich so das Amt des Hüters angemaßt zu haben[90].

Da es die Freien Bahai ablehnten im Baha'iismus eine neue Religion zu sehen, existierte bei Ihnen schon daher kein geschlossenes Bild einer künftigen weltweiten Gesellschafts- oder Staatsordnung. Ihr Trachten ging mehr in die Richtung einer allgemeinen friedlichen Entwicklung der Welt, der Völker und der Religionen hin.

Die für die Baha'i-Religion getroffenen Feststellungen sind demnach auf die Freien Bahai nicht anzuwenden. Da sie, zumindest organisatorisch, auch nicht mehr präsent sein dürften, können sie schon praktisch kein verfassungsrechtliches Problem darstellen.

Kritische Baha´i[91]

Eine Einschätzung der Ansichten kritischer Baha´i zu Fragen von Staat und Verfassung ist praktisch zur Zeit noch unmöglich, da sie bisher über keine einheitlichen Darstellungen ihrer Glaubens- und Überzeugungswelt verfügen.

Als kritische Baha´i werden zumeist ehemalige Mitglieder der Baha´i-Organisation bezeichnet, die aus den verschiedensten Gründen diese Religionsgemeinschaft verlassen haben. Hierbei handelt es sich häufig um Personen, welche lange Jahre lang eine nicht unbedeutende Rolle innerhalb der Gemeinschaft gespielt haben. Hier sind insbesondere die US-Amerikaner
Karen Bacquet, Juan Ricardo Cole, Frederick Glaysher, der Brite Denis MacEoin und der Neuseeländer Ray McIntyre zu nennen. Nachdem sie lange Zeit als anerkannte Baha´i publizierten, oft und gerne auch in deutschen Baha´i-Publikationen zitiert wurden, gelten sie heute als Bundesbrecher und jeglicher Kontakt mit ihnen ist den Baha´i untersagt. Eine organisatorische Zusammenarbeit scheint es bisher im eigentlichen Sinne nicht zu geben, doch betreiben einige der Genannten zumindest einen gemeinsamen Internetdienst unter „http://www.angelfire.com/ca3/bigquestions/enemies.htm". Daneben existieren aber in vielen Ländern Internetangebote ehemaliger Baha´i.

Glaysher, McIntyre sowie Dermod Ryder und Nima Hazini aus den USA unterzeichneten am 2.8.2002 eine Offene Petition für eine Baha´i-Reformation an das Universale Haus der Gerechtigkeit in Haifa[92].

Schließlich ist der Schweizer Francesco Ficicchia zu nennen. Der ehemalige Baha´i schuf mit seinem Buch „Der Baha´ismus, Weltreligion der Zukunft?, Geschichte, Lehre und Organisation in kritischer Anfrage" im Jahre 1981 ein Standardwerk im deutschen Sprachraum, welches seitdem von den Baha´i aufs schärfste bekämpft wird[93]. Daneben hat er weitere Beiträge in diversen Zeitschriften publiziert. Weiter ist auf seinen Internetdienst „Die Religion der universalen Einheit in kritischer Betrachtung, Informationen-Stellungnahmen-Artikel" unter „http://www.bahai-kritk.ch" zu verweisen.

Eine einheitliche Linie zu verfassungs- und staatsrechtlichen Fragen ist zur Zeit nicht erkennbar und es bleibt daher abzuwarten, ob eine solche jemals entstehen wird. Nach den bisherigen Erkenntnissen dürfte sie, wenn überhaupt, nicht von einem solchen Rigorismus geprägt sein wie die der Baha´i-Organisation.

Zusammenfassung

Die aufgezeigten Gegenüberstellungen haben gezeigt, daß zwischen der Baha´í-Religion und dem Grundgesetz unüberbrückbare Gegensätze bestehen. Die Gründe hierfür liegen bereits in den konträren Menschenbildern. Das Grundgesetz geht von einem selbstbestimmten und selbstverantwortlichen Menschen aus. Und es apelliert an die Vernunft und an das Verantwortungsgefühl der Menschen. Staat und Religion sind getrennt, die Religion ist jedermans Privatsache. Die Normen für die zwischenmenschlichen Beziehungen und die Beziehungen zwischen Staat und Bürgern richten sich nach Konsens oder Mehrheitsbeschlüssen, nicht aber nach religiösen Grundregeln.

Die Baha´i-Religion akzeptiert keine Trennung von Weltlichem oder Staatlichem und Geistlichem. Er ist eine die bloße Innerlichkeit übergreifende Religion der Öffentlichkeit. Er ist Religion und Gesellschaft zugleich, somit nach außen gerichtet – auf die Welt und ihre Gestaltung. Als Gesetzesreligion ist sie zugleich eine Religion des Gehorsams, die den einzelnen Gliedern der Gemeinschaft die Befolgung der göttlich verordneten Normen auferlegt. Diese Normen sind enthalten im Kitáb-i-Aqdas, dem »Heiligsten Buch«, das von Bahá'ulláh, dem Stifter der Baha´i-Religion, offenbart wurde. Die im Kitáb-i-Aqdas enthaltenen Bestimmungen sind, da von Gott kommend unfehlbar, invariabel und beanspruchen im gegenwärtigen Zeitraum absoluten Gehorsam. Konsens und Mehrheitsbeschlüsse sind nur in untergeordneten Problemstellungen erlaubt.

Excurs: Buchbesprechung „Udo Schäfer, Nicola Towfigh & Ulrich Gollmer vs. Francesco Ficicchia"

Vor geraumer Zeit hatte ich die Gelegenheit das Buch „Francesco Ficicchia, Der Baha'ismus Weltreligion der Zukunft?, Geschichte, Lehre und Organisation in kritischer Anfrage, Eine Publikation der Evangelischen Zentralstelle für Weltanschauungsfragen im Quell Verlag Stuttgart, 1981" sowie die viele Jahre später als „Gegenschrift" veröffentlichte Publikation „Udo Schaefer / Nicola Towfigh / Ulrich Gollmer, Desinformation als Methode, Die Baha'ismus-Monographie des F. Ficicchia, Georg Olms Verlag, Hildesheim, 1995" zu lesen.

Die Möglichkeit beide Werke zu lesen, ist heutzutage kaum noch möglich, da Ficicchias Buch nur noch antiquarisch zu erwerben ist.

Ficicchias Buch stellt nach vielen Jahrzehnten den ersten Versuch dar, die Baha'i – Religion außerhalb der Schriften dieser Religion, insbesondere ihres eigenen Verlages, darzustellen. Dabei legt er u.a. Geschichte, Lehre und Organisation dar. Weiterhin stellt er die Frage was sagt bzw. schreibt eine Religion und wie handelt diese Religion. Den Aufbau des Buches finde ich durchaus gelungen und auch gut und flüssig lesbar.

Ficicchia macht uns zudem mit Quellen bekannt, die in den offiziellen und offiziösen Werken der Baha'i selber gar nicht oder nur sehr selten zu finden sind. Hierbei beziehe ich mich ausdrücklich auf die Literatur, welche die Baha'i auch und gerade zu Missionszwecken einsetzt.

Durch dieses Buch ist mir verstärkt klar geworden daß so manches in der Baha'í-Religion nicht erst durch die Einsetzung eines Hüters in Person des Shogi Effendi nicht unbedingt stimmig ist, sondern daß auch bereits die frühe Geschichtsdarstellung der Baha'i kritisch zu hinterfragen sind. Ganz wichtig fand ich den Hinweise auf die „Verzögerung" der Herausgabe einer kompletten englischen Übersetzung des Heiligsten Buches der Baha'i, des „Kitab-i- Aqdas". Das es inzwischen eine solche Übersetzung der Baha'i gibt, ändert m.E. an den Fragen zu diesem Umstand wenig.

Das Buch beinhaltet auch starke polemische Teile, auch wenn es dieser gar nicht bedurft hätte. Als ehemaligem Baha'i sind Ficicchia hier und da sicherlich „die Pferde durchgegangen"! Im Buchtitel hätte er z.B. m.E. das Fragezeichen hinter „Weltreligion der Zukunft" weglassen sollen. Die Bemerkung „...in kritischer Anfrage" dagegen halte ich für durchaus richtig und ehrlich. Etwas zu hinterfragen ist ja nichts Negatives, ganz im Gegenteil.

Wie die meisten Abhandlungen dieser Art weist auch Ficicchias Buch Fehler, Auslassungen u.ä. auf. Manche Themenbereiche kommen zu kurz. Bei Thema Schia hätte ich mir noch verstärkte Hinweise auf die Batiniden und die späteren Aleviten und Bektaschiten gewünscht, insbesondere was deren Einschätzung der Schariat betrifft. Zur Person Mansur al Halladsch fehlt m.E. der Hinweis, daß es hierzu bis zum heutigen Tage erregte Diskussionen gibt.

Das abschließende Zitat Baha´Ullahs, des Gründers der Baha´i-Religion erscheint nach der vorausgegangenen Kritik etwas deplaziert und sollte bei einer Neuauflage entfallen.

Bei aller Kritik sollte aber festgehalten werden, daß das Buch immer noch eine gute Quelle für diejenigen ist, die sich nicht nur auf die offizielle Baha´i-Literatur verlassen wollen.

Insgesamt würde man sich wünschen daß der Autor bei einer, hoffentlich beabsichtigten Neuauflage die vorhandenen Fehler ausräumt und auf jegliche Polemik verzichtet.

Das im Jahre 1995 bewußt als Gegenschrift herausgegebene Werk „Udo Schaefer / Nicola Towfigh / Ulrich Gollmer, Desinformation als Methode, Die Baha´ismus-Monographie des F. Ficicchia, Georg Olms Verlag, Hildesheim“ zeigt bereits im Titel auf, wohin der Weg führen soll. Keine wissenschaftliche Auseinandersetzung, sondern eine Diffamierung des vermeintlichen oder tatsächlichen Gegners. Dabei hält man sich an die Ratschläge aus der offiziellen Baha´i-Literatur. So findet man u.a. in der Broschüre „Hermann Großmann, Der Baha´i und die Baha´i-Gemeinschaft, Baha´i-Verlag, Oberkalkbach, 1973 (Zweite Auflage)“ ganz klar dargelegt was ein Baha´i von kritischer Literatur zu halten hat und vor allem wie er damit umzugehen hat: „...Ein Kennzeichen der Gegner der Sache ist, daß sie ihre verhüllten und unverhüllten Angriffe in das Gewand scheinbarer Sachlichkeit zu kleiden trachten...Diese Kritik schließt auch einen großen Teil der mit dem Anspruch auf Wissenschaftlichkeit auftretenden Nicht-Baha´i-Veröffentlichungen über die Baha´i-Sache ein“. Damit wird jede mögliche Kritik bereits negiert bevor sie überhaupt ausgesprochen werden kann.

Folgerungen hieraus: Zunächst schweige man ein Buch tot. Nach vielen Jahren, wenn es dieses Buch im freien Verkauf schon gar nicht mehr gibt, antworte man mit einem Gegenbuch. Dieses Werk erscheint dann, entgegen den sonstigen Gepflogenheiten nicht im eigenen Verlag, sondern zur Darstellung der vorgeblichen Objektivität in einem Fremdverlag. Bei der Vorstellung der Autoren auf dem Rückendeckel verzichtet man auf den Hinweis, daß es sich bei den Autoren um ehemalige oder heutige leitende Personen der Baha´i handelt.

Völlig unbegreiflich ist, daß dieses Gegenbuch sogar ins Englische übersetzt wurde, obwohl es das Werk Ficicchias gar nicht in dieser Sprache gibt und die Anzahl der Interessierten im englischen Sprachraum die Deutsch können, relativ gering sein dürfte.

Auf dem Rückendeckel wird Ficicchia mit leider zu bekannten Anwürfen dargestellt: „Sein Buch verzeichnet, entstellt und stellt bis ins Groteske verzerrt dar! Auch damit soll der Gegner von Beginn an unglaubwürdig gemacht werden.

Abgesehen von ständigen Wiederholungen befleißigt man sich dann im Buch selber einer bis zur Widerwärtigkeit gehenden Sprache. Ficicchia und andere Kritiker werden mit Begriffen wie schäumende Polemik, aberwitziger Titel der Lächerlichkeit preisgegeben. Dabei scheut man sich auch nicht davor, aus privaten Briefen etc. zu zitieren bzw. sich als Quelle auf eine mündliche Äußerung eines Verstorbenen zu berufen. Bei einem längst verstorbenen Gegner scheut man noch nicht einmal davor zurück, seine zu Lebzeiten nicht besonders rosige finanzielle Situation auszubreiten.

Um gleich zu Beginn zu zeigen, was der Autor Ficicchia mit seinem Werk angerichtet hat, unterstellt man ihm, er habe „ein so abstoßendes und häßliches Bild von dieser Religion (der Baha´i-Religion) gezeichnet, daß der Leser sich alsbald verwundert fragt, wie so etwas nur Anhang finden und über den Erdkreis verbreiten konnte". Hier wird die, zugegebenermaßen teilweise polemische Kritik des Ficicchia so maßlos überzeichnet, daß man sich nur noch wundern kann.

Eine weitere Methode der Diffamierung besteht darin, daß man dem Gegner jegliche Qualifikation abspricht. So wird immer wieder darauf hingewiesen, daß es sich bei Ficicchia nicht um einen vergleichenden Religionswissenshaftler handelt, vergißt aber zugleich anzugeben, daß alle drei Autoren des Gegenbuches es ebenfalls nicht sind! Ähnliches gilt für den Vorwurf Ficicchia beherrsche keine orientalischen Sprachen, ein Umstand, der zumindest auf zwei der Gegenautoren auch zutreffen dürfte. Zudem handelt es sich hierbei um eine beliebte Methode auch im Dialog mit dem Islam.

Der Hinweis im Bezug auf Ficicchia, eine (zeitweilige) Mitgliedschaft in einer Religion alleine mache noch nicht den Fachmann aus, trifft auch auf die drei Gegenautoren zu.

Geradezu lächerlich mutet es an, wenn der Hauptautor Udo Schaefer ständig auf seine Werke als Quelle verweist und immer wieder auf seine Doktorarbeit hinweist. Hierzu ist anzumerken, daß es sich hierbei um en Doktortitel der Jurisprudenz handelt und nicht um den der Religionswissenschaft. Das Schaefer einmal Oberstaatsanwalt war, ist allerdings zu merken. Seine Ausführungen ähneln eher einer Klageschrift als einem wissenschaftlichen Werk.

Während man Ficicchia vorwirft, er würde in seinem Buch spekulieren, hat man selber keine Probleme damit, etwas zu vermuten.

Der Vorwurf, Ficicchia habe zuwenig die Literatur der Baha'i – Religion ausgewertet, trifft die Autoren selber, denn sie selektieren ihre eigene Literatur. So werfen sie Ficicchia und anderen vor, diese hätten die Baha'i-Bewegung zeitweilig als überreligiöse und überkonfessionelle Bewegung dargestellt, was aber zu keinem Zeitpunkt gestimmt habe. Geflissentlich übersehen sie dabei eigene Darstellungen. So wird in der Broschüre „Abdul'Baha in Deutschland, Sonderausgabe der Baha'i-Briefe zur 75-Jahrfeier Seines Besuches, Der Nationale Geistige Rat der Baha'i in Deutschland, Hofheim, 1988" ein Ausschnitt au dem Stuttgarter Neuen Tagblatt vom 24.4.1913 wiedergegeben, worin es u.a. heißt: „...Abdul'Baha, daß Haupt einer großen, über die ganze Welt verbreiteten Universal- Friedens- und Religionsbewegung.... *Bahaibewegung. Man schreibt uns: der Leiter und das Haupt einer großen ethischen Bewegung im Orient, welche von dort aus in der ganzen Welt schon Eingang gefunden hat und Tausende von Anhängern unter den Christen, Juden, Mohammedanern, zählt.....Es ist dies keine neue Religion....". Mit „Man" können wohl nur Mitglieder der damaligen Baha'i-Bewegung in Deutschland gemeint sein. Weder damals noch 1988 hat die Baha'i-Bewegung einen Anlaß gefunden, gegen diese Darstellung anzugehen. Interessant dürfte in diesem Zusammenhang auch sein, wie man Israel die Baha'i sah. Als mein Freund 1967 von Israel nach Deutschland übersiedelte, erzählte er mir auch von den persischen Gärten in Haifa und der dort ansässigen Baha'i-Bewegung. Er bezeichnet sie seinerzeit als eine Bewegung, die über den Religionen steht und will, daß alle Religionen friedlich miteinander umgehen. Kein Wort von einer eigenen Konfession oder Religion.

Können von Ficicchia aufgezeigte Tatbestände nicht verworfen werden, heißt es einfach, daß dem letztlich nicht so sei, gibt aber vorsichtshalber auch keine Quelle an. Oder aber man betreibt Wortklauberei. Da man die Tatsache daß im Kitab-i-Aqdas die Stigmatisierung bestimmter Verbrecher im Wiederholungsfalle gefordert wird, nicht bestreiten kann, wirft man Ficicchia vor, er habe fälschlicherweise von einem Brandzeichen gesprochen, in Wirklichkeit heiße es aber nur, es sei ein Zeichen an der Stirn anzubringen. Hier dürfte jeder Kommentar überflüssig sein.

Weiter: Man wehrt „Angriffe" ab, indem man angebliche „Tatsachen" sich selber beweisen läßt. So nach dem Motto: „Das kann ja gar nicht falsch sein, weil Shogi Effendi oder wer auch immer es richtig geschrieben oder übersetzt hat.

Oder man wendet wie N. Towfigh die Methode an, daß man zunächst zu bestimmten Themenkomplexen Vermutungen äußert und zulässige Fragen stellt. Einige Seiten weiter werden aus Fragen und Vermutungen feststehende Tatsachen.

Richtig ist natürlich der Hinweis der drei Baha´i, daß man „Glauben" nicht wissenschaftlich bewerten kann und darf. Doch mit diesem Argument kann, böser Wille vorausgesetzt, jegliche Diskussion abgewürgt werden. In einem solchen Falle bedarf es dann aber auch keiner Gegendarstellungen u.ä.! Ein Beispiel: Das es sich bei Baha´Ullah um einen Mann gehandelt hat, der über ein sehr großes persönliches Durchsetzungsvermögen verfügte, läßt sich historisch nachzeichnen. Ähnliches gilt für Abdul´Baha. Ob ich eine solche Fähigkeit dann diesen Männern kraft ihrer Person zugestehe oder ob ich dahinter göttliches Walten annehme, daß ist dann in der Tat eine reine Glaubensfrage und wissenschaftlich nicht zu hinterfragen,

Die Grundüberzeugung U. Schaefers daß Forscher zunächst einmal grundsätzlich von der eigenen Sicht der Dinge des Forschungsobjektes, hier die Baha´i – Religion, auszugehen habe, dürfte wissenschaftlich nicht haltbar sein. Es käme dann wohl kaum zu einem objektiven Herangehen an ein Forschungsobjekt. Bleibt anzumerken, daß die Baha´i selber bei Publikationen über andere Religionen sich auch nicht an Schaefers Grundüberzeugung halten.

Unklar bleibt warum z.B. U. Schaefer ständig in seine Ausführungen Fremdwörter einbaut, will er damit etwas beweisen? Man könnte es glauben, da er an anderer Stelle darauf verweist, daß Ficicchia noch nicht einmal richtig Englisch gekonnt haben soll. Gleiches gilt für den häufigen Einschub von Klassiker-Zitaten; immer gegen Ficicchia gerichtet. Soll damit den eigenen Ausführungen mehr Gewicht verliehen werden?

Das gesamte Gegenbuch zu analysieren würde wahrscheinlich Jahre brauchen und letztlich wohl nicht lohnen. Zudem gibt es hierzu auch bereits vorzügliche Arbeiten, z.B. von Denis MacEoin unter http://bahai-library.org/reviews/maceoin.mtcs.html.

Eines ist aber doch noch sehr bemerkenswert: Von allen drei Autoren wird ständig betont, eigentlich würde es sich gar nicht lohnen, die Argumente der „Gegner", seien es Ruth White, Hermann Zimmer und ganz besonders Francesco Ficichia, zu untersuchen. Warum sie es dann doch tun, bleibt schleierhaft. Eine Frage sei daher zum Schluß gestattet: Warum benötigen drei renommierte Baha´i-Autoren rd. 10 Jahre und 685 Seiten um einen Autor zu widerlegen, der nach Auffassung der Baha´i nicht einmal „satisfaktionsfähig" ist?

Sollte die Evangelische Zentralstelle eine verbesserte und erweiterte Auflage von Ficicchias Buch nicht herausbringen wolle, wäre zu wünschen, daß sich hierfür ein anderer Verlag finden läßt.[94]

Fußnoten

[1] Manfred Backhausen, Entwicklung der Baha'i – Religion; unveröffentlichtes Manuskript; 1999; Manfred Backhausen, Answers to the Questions about the Bahayat; Kurzgutachten für die Ahmadiyyah-Muslim-Jamaat, Frankfurt/Main; 1999;
[2] Francesco Ficicchia, Der Baha'ismus, Weltreligion der Zukunft?, Geschichte, Lehre und Organisation in kritischer Anfrage, Eine Publikation der Evangelischen Zentralstelle für Weltanschauungsfragen im Quell Verlag Stuttgart, 1981;siehe hierzu weiteres im Excurs.
[3] Udo Schaefer/Nicola Towfigh/Ulrich Gollmer, Desinformation als Methode, Die Baha'ismus-Monographie des F. Ficicchia, Georg Olms Verlag, Hildesheim, 1995;
[4] Der offizielle Name der deutschen Verfassung lautet: Grundgesetz für die Bundesrepublik Deutschland; im allgemeinen Sprachgebrauch, aber auch in der Literatur finden sowohl die begriffe Grundgesetz als auch Verfassung Verwendung;
[5] Manfred Backhausen, Der unbekannte Islam, Islamische Gedankenwelt dargestellt und hinterfragt, Deimling Wissenschaftliche Monographien 12, Sozialwissenschaften, Verlag Holger Deimling, Wuppertal, 1996;
[6] Manfred Backhausen & Anton Josef Dierl, Einführung in den Alevismus-Bektaschismus, MJB- Verlag, Düsseldorf, 1998;
[7] Anton Josef Dierl & Manfred Backhausen, Wie kann ein Schariat-Sunnit Deutschland im Ausland vertreten?, Teile 1 und 2, in ,, GERCEK ILIM DERGISI - Zeitschrift Wahre Wissenschaft, Doppelnummer 33-34 1992 und Dreiernummer 41-43, 1993", Türkischer Kulturkreis HBV für Ahlen und Umgebung e.V. und weitere alevitische Vereine; Manfred Backhausen: Wie kann ein Schariat-Sunnit Deutschland im Ausland vertreten?. (Teil 3); 1993; unveröffentlichtes Manuskript, Original im Archiv des TürkischenKulturkreises HBV für Ahlen und Umgebung e.V.;
[8] Da die Baha'i im Regelfall keine Mitgliederzahlen angeben, sondern lediglich die Anzahl der örtlichen Gemeinden, schwankt die Zahl ihrer Anhänger in der Literatur. Seit geraumer Zeit schon scheinen die meisten Anhänger in Südamerika, Teilen von Asien und vor allem in Afrika zu leben.
[9] Dieser offen ausgesprochene und in ihrer Literatur verbreitete Anspruch ist außerhalb ihrer Religion kaum bekannt. Zudem scheinen demokratische Systeme auch Religionen mit solchen Ansprüchen verkraften zu können. Treffen allerdings, wie etwa im Ursprungsland der Baha'i im Iran der universale und totale Anspruch der Baha'i-Religion und ein eben solcher totaler Anspruch der herrschenden Religion (hier das islamische Schiitentum) aufeinander, führt dies nicht selten zu fürchterlichen, vom Staat gelenkten oder zumindest geduldeten Pogromen an den Baha'i. Im Iran kommt erschwerend hinzu, daß die schiitische Geistlichkeit in den Baha'i eine häretische Abspaltung vom Islam sieht.
[10] John Ebenezer Esslemont, Baha'Ullah und das neue Zeitalter, Baha'i-Verlag, Hofheim-Langenhain, 1976, Seite 295;
[11] umfassendere Darstellungen der Baha'i-Religion enthalten u.a. Shogi Effendi, Gott geht vorüber, Baha'i-Verlag, Hofheim-Langenhain, 2002 sowie Francesco Ficicchia, Eine ausführliche und historisch detaillierte Darstellung des Bahá'ismus und des ihm vorausgegangenen Bábismus (Geschichte, Lehre, Kult, Organisation, Rechtsverständnis und theokratischer Weltherrschaftsanspruch) in Die Religion der universalen Einheit in kritischer Betrachtung, Informationen-Stellungnahmen-Artikel, Published by: http://www.bahai-kritik.ch";
[12] Das vorstehende Kapitel wurde zusammengestellt nach Shogi Effendi, Gott geht vorüber, Baha'i-Verlag, Hofheim-Langenhain, 2002, Francesco Ficicchia, Der Baha'iismus – Paradigma einer globalen Theokratie, Eine Kurzinformation in Baha'iismus, Die Religion der universalen Einheit in kritischer Betrachtung, Informationen-Stellungnahmen-Artikel, Published by: http://www.bahai-kritik.ch;
[13] Ähnliche Bestimmungen kennt das Bundesverfassungsgesetz der Republik Österreich i.d.F. vom 1.10.1999, wo es in Artikel 1 heißt: „Österreich ist eine demokratische Republik. Ihr recht geht vom Volk aus." Während die Schweizerische Bundesverfassung solche Aussagen nicht trifft, finden wir sie in verschiedenen Verfassungen der Kantone; so heißt es z.B. in Artikel 1 der Verfassung des Kantons Bern in der Fassung vom 1.1.1995: „1) Der

Kanton Bern ist ein freiheitlicher, demokratischer und sozialer Rechtsstaat 2) Die Staatsgewalt beruht auf dem Volk. Sie wird durch die Stimmberechtigten und die Behörden ausgeübt.". Und in der Französischen Verfassung in der Fassung vom 24.9.2000 heißt es: „Artikel 1: Frankreich ist eine unteilbare, laizistische, demokratische und soziale Republik; Artikel 3: Die nationale Souveränität liegt beim Volke, das sie durch seine Vertreter und durch Volksentscheid ausübt" (nach der Off. Webside des Präsidialamtes der Französischen Republik).

[14] Damit wurde teilweise dem von Seiten der Baha'i häufig erhobenen Vorwurf begegnet, man müsse eine Religion hauptsächlich nach den Vorstellungen der Angehörigen dieser Religion untersuchen und bewerten Der Verfasser dieser Zeilen ist nicht dieser Auffassung. Sie würde zudem jede wissenschaftliche Erforschung unzulässig verengen. Um jedoch eine erwünschte Diskussion nicht bereits im Vorfeld scheitern zu lassen, hat er sich bemüht in starkem Maße auf Baha'i-Literatur und –Aussagen zurückzugreifen.

[15] Informationen hierzu u.a. unter: http://www.bahai.de sowie http://www.udoschaefer.com

[16] gemeint sind in diesem Zusammenhang nur die Sunniten und Schiiten, da z.B. die Auffassung der Aleviten eine völlig andere ist.

[17] so der sich als liberaler deutscher Moslem verstehende sunnitische Aktivist Dr. Axel (Ayyub) Köhler in seinem Buch: Islam – Leitbilder der Wirtschafts- und Gesellschaftsordnung, Al-Kitab Verlag, Köln, 1981;

[18] „Inhaltsübersicht und systematische Darstellung der Gesetze und Gebote des Kitab-i-Aqdas, Baha'i-Verlag, Hofheim, 1987, Seite 16";

[19] Baha'i-Religion, Ein Weg zum Frieden, Baha'i-Verlag, Hofheim-Langenhain, o.J., Seite 16;

[20] Udo Schaefer, Baha'i Sein, Baha'i –Verlag, Hofheim-Langenhain, 1979, Seiten 20 und 21

[21] Shogi Effendi, God Passes By, 1945,XXII, Seite 326 f.; zitiert nach Hermann Grossmann, Der Baha'i und die Baha'i-Gemeinschaft, Baha'i Verlag, Oberkalkbach, 1973, Seiten 29 und 30; siehe auch: John Ebenezer Esslemont, Baha'Ullah und das neue Zeitalter, Baha'i-Verlag, Hofheim-Langenhain, 1976, Seite 310;

[22] Shogi Effendi, Gott geht vorüber, Baha'i-Verlag, 1954, Seite 413;

[23] Shogi Effendi, Principles of Baha'i-Administration, London, 1950, 1973, Seite 31; zitiert nach Udo Schaefer, Baha'i sein, Baha'i-Verlag, Hofheim-Langenhain, 1979, Seite 18;

[24] Aus einem Brief vom 18. Nov. 1933 im Auftrag Shogi Effendis an den Nationalen geistigen Rat der vereinigten Staaten und Kanadas, zitiert nach Geistige Räte Häuser der Gerechtigkeit, Aus Schriften von Baha'Ullah, Abdul Baha und Shogi Effendi, zusammengestellt vom Universalen Haus der Gerechtigkeit, Baha'i-Verlag, Langenhain, 1973, Seiten 55 und 56;

[25] Udo Schaefer/Nicola Towfigh/Ulrich Gollmer, Desinformation als Methode, Die Baha'ismus-Monographie des F. Ficicchia, Georg Olms Verlag, Hildesheim, 1995, Seite 182;

[26] Aus dem Vorwort von Horace Holley zu dem Werk God passes by (Gott geht vorüber), Baha'i Publishing Committee, New York, 1938, Seiten 410 f.; Horace Holley war seinerzeit der Sekretär der amerikanischen Baha'i

[27] Die Baha'i verwenden sowohl den Begriff Administrative Ordnung als auch den Begriff Verwaltungsordnung.

[28] Shogi Effendi, World Order of Baha'Ullah, Baha'i Publishing Committee, New York, 1938, Seite 152.;

[29] Gemeint ist die Einsetzung Shogi Effendis als „Hüter" durch das Testament Baha' Ullahs.

[30] Nachdem Shogi Effendi im Jahre 1957 ohne Nachfolgeregelung gestorben war, gelten für die Baha'i alle Vollmachten des Hüters als auf das Universale Haus der Gerechtigkeit übertragen.

[31] Alfred Diebold, Erläuterungen zum Testament Abdul Bahas, Zusammenfassung der Untersuchung von 1932 durch Hermann Zimmer, Manuskript, Waiblingen, etwa Mitte der 70er Jahre (Kopie im Archiv des Verfassers);

[32] Inhaltsübersicht und systematische Darstellung der Gesetze und Gebote des Kitab-i-Aqdas, Baha'i-Verlag, Hofheim, 1987, Seite 16";

[33] Udo Schaefer/Nicola Towfigh/Ulrich Gollmer, Desinformation als Methode, Die Baha'ismus-Monographie des F. Ficicchia, Georg Olms Verlag, Hildesheim, 1995, Seite 259;

[34] Shogi Effendi, 8. Februar 1934, zitiert nach John Ebenezer Esslemont, Baha'Ullah und das neue Zeitalter, Baha'i-Verlag, Hofheim-Langenhain, 1976, Seite 309;
[35] Shogi Effendi, Dispensation of Baha'ullah, The Administrative Order, 1943, Seite 156 f.; zitiert nach Hermann Grossmann, Der Baha'i und die Baha'i-Gemeinschaft, Baha'i Verlag, Oberkalkbach, 1973, Seite 33;
[36] Udo Schaefer, Baha'i sein, Baha'i-Verlag, Hofheim-Langenhain, 1979; Seiten 15 bis 17;
[37] John Ebenezer Esslemont, Baha'Ullah und das neue Zeitalter, Baha'i-Verlag, Hofheim-Langenhain, 1976, Seite 297;
[38] John Ebenezer Esslemont, Baha'Ullah und das neue Zeitalter, Baha'i-Verlag, Hofheim-Langenhain, 1976, Seite 300;
[39] John Ebenezer Esslemont, Baha'Ullah und das neue Zeitalter, Baha'i-Verlag, Hofheim-Langenhain, 1976, Seite 301;
[40] John Ebenezer Esslemont, Baha'Ullah und das neue Zeitalter, Baha'i-Verlag, Hofheim-Langenhain, 1976, Seiten 303 und 304;
[41] Aus einem Brief vom 30. Juni 1949 im Auftrag Shogi Effendis an den Nationalen Geistigen Rat von Deutschland und Österreich, zitiert nach Geistige Räte Häuser der Gerechtigkeit, Aus Schriften von Baha'Ullah, Abdul Baha und Shogi Effendi, zusammengestellt vom Universalen Haus der Gerechtigkeit, Baha'i-Verlag, Langenhain, 1973, Seite 29;
[42] Aus einem Brief vom 19. Oktober 1947 im Auftrag Shogi Effendis an einen Gläubigen, US Baha 'i News Nr. 202, Dezember 1947, zitiert nach Geistige Räte Häuser der Gerechtigkeit, Aus Schriften von Baha'Ullah, Abdul Baha und Shogi Effendi, zusammengestellt vom Universalen Haus der Gerechtigkeit, Baha'i-Verlag, Langenhain, 1973, Seite 31;
[43] Aus einem Brief vom 26. Oktober 1943 im Auftrag Shogi Effendis an einen Gläubigen, zitiert nach Geistige Räte Häuser der Gerechtigkeit, Aus Schriften von Baha'Ullah, Abdul Baha und Shogi Effendi, zusammengestellt vom Universalen Haus der Gerechtigkeit, Baha'i-Verlag, Langenhain, 1973, Seiten 65 und 66;
[44] Shogi Effendi, Baha'i Administration, Seite 41-42, aus einem Brief vom 12. März 1923, zitiert nach Geistige Räte Häuser der Gerechtigkeit, Aus Schriften von Baha'Ullah, Abdul Baha und Shogi Effendi, zusammengestellt vom Universalen Haus der Gerechtigkeit, Baha'i-Verlag, Langenhain, 1973, Seiten 71 und 72;
[45] Aus einem Brief vom 25. November 1937 im Auftrag Shogi Effendis an den Nationalen geistigen rat der vereinigten Staaten und Kanadas, zitiert nach Geistige Räte Häuser der Gerechtigkeit, Aus Schriften von Baha'Ullah, Abdul Baha und Shogi Effendi, zusammengestellt vom Universalen Haus der Gerechtigkeit, Baha'i-Verlag, Langenhain, 1973, Seite 82;
[46] Aus einem Brief vom 29. Juni 1941 im Auftrag Shogi Effendis an den Nationalen geistigen Rat von Indien und Burma, zitiert nach Geistige Räte Häuser der Gerechtigkeit, Aus Schriften von Baha'Ullah, Abdul Baha und Shogi Effendi, zusammengestellt vom Universalen Haus der Gerechtigkeit, Baha'i-Verlag, Langenhain, 1973, Seite 83;
[47] Aus einem Brief vom 1. November 1950 im Auftrag Shogi Effendis an einen Gläubigen, zitiert nach Geistige Räte Häuser der Gerechtigkeit, Aus Schriften von Baha'Ullah, Abdul Baha und Shogi Effendi, zusammengestellt vom Universalen Haus der Gerechtigkeit, Baha'i-Verlag, Langenhain, 1973, Seite 94;
[48] „Inhaltsübersicht und systematische Darstellung der Gesetze und Gebote des Kitab-i-Aqdas, Baha'i-Verlag, Hofheim, 1987, Seite 70, Abschnitt m)“;
[49] „Inhaltsübersicht und systematische Darstellung der Gesetze und Gebote des Kitab-i-Aqdas, Baha'i-Verlag, Hofheim, 1987, Seite 88 ff, Fußnote 25“;
[50] Shogi Effendi, Baha'i-Administration, Seite 23, zitiert nach Francesco Ficicchia, Der Baha'ismus, Weltreligion der Zukunft?, Geschichte, Lehre und Organisation in kritischer Anfrage, Eine Publikation der Evangelischen Zentralstelle für Weltanschauungsfragen im Quell Verlag Stuttgart, 1981, Seite 374;
[51] Udo Schaefer, Die Grundlagen der Verwaltungsordnung der Baha'i, Inauguraldissertation zur Erlangung der Doktorwürde der Juristischen Fakultät der Ruprechts-Karl-Universität, Heidelberg, 1957, Seite 98, Quelle: http://www.udoschaefer.com;

[52] Da es sich um ein Offenbarungsbuch handelt, durften und dürfen nach Auffassung der Baha'i die darin enthaltenen Vorschriften zumindest in den nächsten Tausend Jahren weder abgeschafft noch verändert werden, selbst dem Ausleger der Schriften Abdul Baha (1844-1920), dem Hüter des Glaubens Shogi Effendi war dies nicht gestattet. Auch das heutige Universale Haus der Gerechtigkeit als oberste Instanz der Baha'i-Religion ist hierzu nicht berechtigt. Siehe hierzu u.a.: die „Inhaltsübersicht und systematische Darstellung der Gesetze und Gebote des Kitab-i-Aqdas, Baha'i-Verlag, Hofheim, 1987, Seite 12"; Shogi Effendi, Baha'i-Procedure, Seite 3f., zitiert nach Hermann Grossmann, Der Baha'i und die Baha'i-Gemeinschaft, Baha'i Verlag, Oberkalkbach, 1973, Seite 13;
[53] Baha'ullah, Kitab-i-Aqdas, The Most Holy Book, Baha'i Publishing Trust, Wilmette, Illinois, 1993, Abschnitt 62, Seite 42; im deutschen Sprachraum gab lange Zeit lediglich die „Inhaltsübersicht und systematische Darstellung der Gesetze und Gebote des Kitab-i-Aqdas, Baha'i-Verlag, Hofheim, 1987" – die entsprechenden Strafvorschriften werden darin aber nicht einzeln aufgeführt; inzwischen gibt es in besagtem Baha'i-Verlag auch eine deutsche Ausgabe des Kitab-i-Aqdas, hierbei handelt es sich um eine Übersetzung der englischen Ausgabe;
[54] Zwar steht dieser Artikel nicht unter der Ewigkeitsgarantie des Artikel 79, Absatz 3 des Grundgesetzes, zu seiner Abschaffung aber bedarf es nach Artikel 79, Absatz 2, einer Zweidrittel Mehrheit der Angehörigen des Deutschen Bundestages; zudem besteht in der Bundesrepublik ein Konsens über die Abschaffung der Todesstrafe;
[55] Baha'ullah, Kitab-i-Aqdas, The Most Holy Book, Baha'i Publishing Trust, Wilmette, Illinois, 1993, Abschnitt 45, Seite 37;
[56] siehe hierzu § 7 des Bundesbeamtengesetzes (BBG)
[57] Bundesverfassungsgericht (BverfGE 2/12, zitiert nach Rechtsanwalt Wirtz, Beamtenrecht, Skriptum,
Köln, o.J.;
[58] Artikel 140 des Grundgesetzes für die Bundesrepublik Deutschland: Die Bestimmungen der Artikel 136, 137, 138, 139 und 141 der deutschen Verfassung vom 11.August 1919 sind Bestandteil dieses Grundgesetzes.
[59] Eine genaue Auflistung findet sich in Ahmad Sohrab, Abdul Bahas Grandson New York, 1943, Seite 24;
[60] Siehe hierzu u.a. Udo Schaefer/Nicola Towfigh/Ulrich Gollmer, Desinformation als Methode, Die Baha'ismus-Monographie des F. Ficicchia, Georg Olms Verlag, Hildesheim, 1995, Seite 163, Fußnote 332;
[61] Siehe hierzu u.a. Udo Schaefer/Nicola Towfigh/Ulrich Gollmer, Desinformation als Methode, Die Baha'ismus-Monographie des F. Ficicchia, Georg Olms Verlag, Hildesheim, 1995, Seite 171 f.;
[62] So wurden posthum exkommuniziert die Tochter Baha'Ullahs und ihr Mann; nach Ahmad Sohrab, Abdul Bahas Grandson, New York, 1943, Seite 24;
[63] nach Udo Schaefer/Nicola Towfigh/Ulrich Gollmer, Desinformation als Methode, Die Baha'ismus-Monographie des F. Ficicchia, Georg Olms Verlag, Hildesheim, 1995, Seite 25 und Seite 175, Fußnote 419;
[64] nach Udo Schaefer/Nicola Towfigh/Ulrich Gollmer, Desinformation als Methode, Die Baha'ismus-Monographie des F. Ficicchia, Georg Olms Verlag, Hildesheim, 1995, Seite 174;
[65] Eine ähnlich rigide Exkommunikatiospraxis kennen wir bei den Zeugen Jehovas und ähnlichen Gemeinschaften. Aber selbst die sich als liberale Moslems sehenden Aleviten kennen den Ausschluß aus dem Gemeinschaftsgottesdienst CEM, der in früheren Zeiten praktisch verbunden war mit dem Ausschluß aus der Dorfgemeinschaft. Der betroffenen Person blieb damit nur der Weg des Exils offen.
[66] Siehe hierzu: Udo Schaefer/Nicola Towfigh/Ulrich Gollmer, Desinformation als Methode, Die Baha'ismus-Monographie des F. Ficicchia, Georg Olms Verlag, Hildesheim, 1995, Seite 175, Fußnote 419;
[67] Siehe zu dieser Problematik: Manfred Backhausen, Der Islam - ein Artikel im Supermarkt des Übersinnlichen? in „Al Fadschr - Die Morgendämmerung, Januar/Februar 1989", Islamisches Zentrum, Hamburg;

[68] Hermann Großmann, Der Baha'i und die Baha'i-Gemeinschaft, Baha'i-Verlag, Oberkalkbach, 1973 (Zweite Auflage);
[69] So ist der meist publizierte Autor der deutschen Baha'i nicht etwa ein Theologe oder Religionswissenschaftler, sondern ein Jurist. Dennoch firmiert er auf seiner Homepage unter „Udo Schaefer, Hirschberg, Germany – Studies in Bahai theology", Quelle: http://www.udoschaefer.com
[70] Der Verfasser möchte hier nicht mißverstanden werden: Selbstverständlich sind auch „gebildete" Laien in der Lage wissenschaftliche Werke zu verfassen, Beispiele hierfür gibt es zur Genüge. Er hält insbesondere Dr. Udo Schaefer, der als Jurist ein religionswissenschaftlicher Laie ist, für durchaus kompetent theologische und religionswissenschaftliche Werke zu verfassen. Doch gilt diese Einschätzung dann auch für andere Laien-Autoren, seien sie nun Baha'i oder nicht.
[71] K. Hutten, Seher, Grübler, Enthusiasten. Das Buch der traditionellen Sekten und religiösen Sonderbewegungen. Stuttgart, 1950 ff, Seiten 133 f.;
[72] K. Hutten, Seher, Grübler, Enthusiasten. Das Buch der traditionellen Sekten und religiösen Sonderbewegungen. Stuttgart 1950 ff, Seite 106, nach Huttens Tod fehlen diese Ausführungen in der Auflage von 1982;
[73] K. Hutten, Seher, Grübler, Enthusiasten. Das Buch der traditionellen Sekten und religiösen Sonderbewegungen. Stuttgart, 1961, Seite 285
[74] Professor Dr. Helmuth von Glasenapp, 13. November 1957, Religionswissenschaftler äußern sich über die Baha'i-Religion; Manuskriptdruck, dem Verfasser um 1984 vom Sekretariat des Geistigen Rates der Baha'i in Köln zur Verfügung gestellt;
[75] Professor Dr. Helmuth von Glasenapp, 3. Oktober 1961, Religiosnwissenschaftler äußern sich über die Baha'i-Religion; Manuskriptdruck, dem Verfasser um 1984 vom Sekretariat des Geistigen Rates der Baha'i in Köln zur Verfügung gestellt;
[76] Professor D. Rosenkranz, 10. Oktober 1961, Religionswissenschaftler äußern sich über die Baha'i-Religion; Manuskriptdruck, dem Verfasser um 1984 vom Sekretariat des Geistigen Rates der Baha'i in Köln zur Verfügung gestellt;
[77] Professor D. Dr. Friedrich heiler, 4. Dezember 1961, Religiosnwissenschaftler äußern sich über die Baha'i-Religion; Manuskriptdruck, dem Verfasser um 1984 vom Sekretariat des Geistigen Rates der Baha'i in Köln zur Verfügung gestellt;
[78] Günther Lanczkowski, Die neuen Religionen, Fischer Taschenbuch Verlag , Frankfurt am Main, 1974,
Seite 113;
[79] Aus: Lexikon für Theologie und Kirche, Herder Verlag, Freiburg, o.J. (ca. 1970), Seiten 1190 und 1191;
[80] Die Bezeichnung der Baha'i-Religion als pantheistisch hat keine Grundlage;.
[81] Aus: Kleines Lexikon, Droemersche Verlagsanstalt Th. Knaur Nachf., München/Zürich, 1973, Seite 69;
[82] Aus: Lexikon in 20 Bänden, Band 2, Lexikographisches Institut, München, 1974, Seite 450;
[83] Ariel, A Review of Arts and Letters in Israel, Number 64, 1986, Cultural and Scientific Relations Division, Ministry for Foreign Affairs, Jerusalem;
[84] Informationen hierzu unter http://www.bahai-guardian.com
[85] Informationen hierzu: K. Hutten, Seher, Grübler, Enthusiasten. Das Buch der traditionellen Sekten und religiösen Sonderbewegungen. Stuttgart 1982; H. Reller, & M. Kießig (Hrg.), Handbuch religiöse Gemeinschaften (Kap. 5 und 7). Gütersloh 1985; Ahmad Sohrab, Broken Silence. The Story of Today's Struggle for Religious Freedom. New York 1942; Ahmad Sohrab, The Will and Testament of Abdul Baha. An Analysis. New York 1944; Ruth White, The Baha'i Religion and its Enemy, the Baha'i Organization. Rutland, Vt. 1929; Ruth White, Abdul Bahas Alleged Will is fraudulent. Rutland, Vt. 1930; Ruth White, Abdul Bahas Questioned Will and Testament. Beverly Hills 1946; Hermann Zimmer, Eine Testamentsfälschung wertet die Baha'i-Religion ab in den politischen Shoghismus. Waiblingen/Stuttgart 1971; Hermann Zimmer, A Fraudulent Testaments Devalues the Baha'i Religion into Political Shoghism. Waiblingen/Stuttgart 1973; Hermann Zimmer, Die

Wiederkunft Christi von der die Prophezeiungen sprechen..., Waiblingen/Stuttgart 1950 und 1984;

[86] Der Verfasser hatte den letzten Kontakt mit der Weltunion für Universale Religion und Universalen Frieden etwa Mitte der achtziger Jahre des vorigen Jahrhunderts wobei ihm Hermann Zimmer sein Archiv übergeben hatte; eine im Januar 2003 durchgeführte Internetrecherche nach Anschriften und Kontaktpersonen führte zu keinem Ergebnis;

[87] zitiert nach Hermann Zimmer, Die Wiederkunft Christi von der die Prophezeiungen sprechen..., Waiblingen/Stuttgart,1984, Seite 47;

[88] Hermann Zimmer, Eine Testamentsfälschung wertet die Bahai-Religion ab in den politischen Shogismus, Weltunion für Universale Religion und Universalen Frieden –Freie Bahai-, Waiblingen/Stuttgart, 1971,Seite 78, erster Satz;

[89] zitiert nach Faksimile in der Broschüre „Abdu'l-Bahá in Deutschland« ,Sonderausgabe der Bahá'í-Briefe zur 75-Jahrfeier seines Besuches; herausgegeben vom Nationalen Geistigen Rat der Bahá'í in Deutschland, Hofheim 1988, Seite 11"; die der Presse zugegangenen Informationen können seinerzeit ausschließlich von Mitgliedern der damaligen Bahá'í-Bewegung in Deutschland gestammt haben.

[90] Trotz ihrer relativen Bedeutungslosigkeit widmen sowohl Kritiker, vor allem aber die Baha'is selber immer wieder diesen Personen und Organisationen lange Abschnitte in Publikationen. Die genannten Personen werden einerseits als Bundesbrecher bezeichnet, andererseits als nicht satisfaktionsfähig eingestuft.

[91] Allgemeine Informationen hierzu u.a. unter: http://www.bahai-kritik.ch sowie: unter http://www.bahai-kritik.ch und in folgenden Publikationen: Karen Bacquet, Enemies Within - Conflict and Control in the Baha'i Community. In: American Family Foundation's Cultic Studies Journal, zu finden unter http://www.angelfire.com/ca3/bigquestions/enemies.htm; Juan Ricardo Cole, Fundamentalism in the Contemporary U.S. Baha'i Community. In: Religious Studies Review, Vol. 43, n° 3 (March 2002), pp. 195-217; Francesco Ficicchia, Der Baha'ismus - Ungewisse Zukunft der Zukunftsreligion. In: Materialdienst der Evang. Zentralstelle für Weltanschauungsfragen der EKD, Stuttgart (Heft 15-16/1975); Francesco Ficicchia, Verfolgungen von Baha'i in Iran. In Materialdienst der Evang. Zentralstelle für Weltanschauungsfragen der EKD, Stuttgart (Heft 3/1979); Francesco Ficicchia, Der Baha'ismus - Weltreligion der Zukunft? Geschichte, Lehre und Organisation in kritischer Anfrage. Stuttgart 1981; Francesco Ficicchia, Der Baha'ismus - Paradigma einer globalen Theokratie. Glattbrugg/Zürich 2000, zu finden unter http://www.bahai-kritik.ch; Francesco Ficicchia, Baha'i - Religion, Staat und Gesellschaft in einer weltumspannenden Theokratie. Glattbrugg/Zürich 2001, zu finden unter http://www.bahai-kritik.ch; Francesco Ficicchia, Stichwort Baha'i - Namen und Begriffe. Glattbrugg/Zürich, 2001, zu finden unter http://www.bahai-kritik.ch; Francesco Ficicchia, Nachfolgestreitigkeiten und Spaltungen im Baha'ismus. Glattbrugg/Zürich 2002, zu finden unter http://www.bahai-kritik.ch; Francesco Ficicchia, Krishna und Buddha - Propheten im Offenbarungszykus der Baha'i?, zu finden unter http://www.bahai-kritik.ch; F. Huber, Die administrative Ordnung der Baha'i-Religion in der Bundesrepublik. In: Materialdienst der Evang. Zentralstelle für Weltanschauungsfragen der EKD, Stuttgart (Heft 2/1978);

[92] siehe unter http://www.angelfire.com/ca3/bigquestions/enemies.htm;

[93] Insbesondere in der bereits genannten Publikation: Udo Schaefer/Nicola Towfigh/Ulrich Gollmer, Desinformation als Methode, Die Baha'ismus-Monographie des F. Ficicchia, Georg Olms Verlag, Hildesheim, 1995;

[94] Soweit nicht besonders vermerkt stammen die Bilder und Dokumente aus dem Archiv des MJB-Verlages und aus dem Archiv der Freien Baha'i (Hermann Zimmer +, Stuttgart)

MIX
Papier aus verantwortungsvollen Quellen
Paper from responsible sources
FSC® C105338

Printed by Books on Demand GmbH, Norderstedt / Germany